Anonymous

Kritik der staatswirtschaftlichen Verfassung des Deutschen Reichs

Anonymous

Kritik der staatswirtschaftlichen Verfassung des Deutschen Reichs

ISBN/EAN: 9783743365421

Hergestellt in Europa, USA, Kanada, Australien, Japan

Cover: Foto ©Suzi / pixelio.de

Manufactured and distributed by brebook publishing software (www.brebook.com)

Anonymous

Kritik der staatswirtschaftlichen Verfassung des Deutschen Reichs

staatswirthschaftlichen Verfassung

des

Deutschen Reichs.

———

Germanien, 1798.

Einleitung.

Die Staatswirthschaft sorgt für die Aufbringung und Verwaltung der zur Bestreitung der Staatsbedürfnisse erforderlichen Mittel.

Alle staatswirthschaftlichen Anstalten haben die Aufbringung und Verwaltung dieser Mittel entweder unmittelbar und direkt, oder mittelbar und indirekt zum Gegenstande.

Unmittelbar und direkt sorgt der Staat für die Aufbringung und Verwaltung der Mittel, wenn er, im Fall er selbst Eigenthum besitzt, den Ertrag davon zu Bestreitung seiner Ausgaben erhebt und verwaltet, oder bey gänzlicher Ermangelung eines Eigenthums, oder bey der Un-

zulänglichkeit des Ertrags deſſelben, ſeine
Bedürfniſſe durch Abgaben und Steuern,
die er aus dem Vermögen der Unterthanen
erhebt, beſtreitet.

Mittelbar und indirekt arbei-
tet der Staat für die Beförderung ſeiner
Einkünfte, wenn er den Nahrungsſtand
und die Induſtrie der Unterthanen, um
ihnen die Erlegung der Abgaben zu erleichtern, befördert und begünſtiget. Er ſorgt
in dieſer Rückſicht für die Aufnahme der
Landwirthſchaft und der ſtädtiſchen Gewerbe. Dieſe Abhandlung wird demnach aus
drey Abſchnitten beſtehen, wovon

der erſte, die Staatswirthſchaft des
Deutſchen Reichs in Anſehung der
Domänen und Regalien;

der zweite, in Anſehung der Reichs-
ſteuern, und

der dritte, in Anſehung der Beförderung des Nahrungsſtandes und der
Induſtrie der Reichsunterthanen,

betrachten und prüfen wird.

Ehe wir aber an dieses Geschäft gehen,
müssen wir zuvörderst die Bedürfnisse selbst,
die ein Staat überhaupt zu bestreiten hat,
in Erwägung ziehen, und auch die Bedürfnisse kennen lernen, die dem Deutschen
Reiche besonders eigen sind.

Wenn man sich blos an den Begriff
des Staats, als einer zur Sicherung ihres
Eigenthums und ihrer Rechte unter einem
gemeinschaftlichen Oberhaupte vertragsweise
vereinigten Menschenmasse, hält, so werden die Mittel, zur Handhabung der innern und äußern Sicherheit die ganze Sphäre der Staatsbedürfnisse erfüllen, und auf
die nöthigen Kosten für die Verwaltung der
Gerechtigkeit und für die Vertheidigung gegen Anfälle von außen, sich einschränken.
Vorausgesetzt, daß ein Staat nach den
Grundsätzen des allgemeinen Rechts organisirt sey, und alle Staaten nicht allein dieselbe rechtliche Verfassung hätten, sondern
auch unter einander selbst in einer rechtlichen Verbindung ständen, würde man einzig und allein für den Unterhalt der Re

präsentanten der gesetzgebenden, der ausübenden und der richterlichen Gewalt, und
für alle die Mittel, wodurch sich diese Gewalten wirksam äußern können, zu sorgen
haben; die Gesetzgeber, der Regent und
seine Minister, mit dem ganzen zur Verwaltung der öffentlichen Geschäfte erforderlichen subalternen Personal, und das höchste Gericht mit den unter ihm stehenden
Obrigkeiten, ihren Gehülfen und Dienern,
müssen besoldet, Versammlungsörter für
sie, Magazine, Gefängnisse und andere
zu dem Zweck einer jeden Gewalt dienende
öffentliche Gebäude errichtet und unterhalten werden. Da unter jener Voraussetzung kein Krieg entstehen, oder, im Fall
einer der im rechtlichen Verbande stehenden
Staaten sich Feindseligkeiten gegen einen
mitverbundenen Staat erlaubte, der be-
leidigte Theil von allen übrigen gegen seinen
Feind beschützt werden würde, so fiele hier
aller Aufwand auf die Vertheidigung gegen
äußere Anfälle um so mehr hinweg, als in
einem Systeme föderativer Staaten nur
der Bürger jedes Staates selbst der natür-

liche Vertheidiger desselben seyn kann, der
für seinen Unterhalt, während des Feld:
zugs, und für seine Waffen selbst sorgen
müßte. Die Anlegung von Grenzfestungen
innerhalb eines solchen Systems und die
Haltung eines stehenden Kriegsheeres, das
aus Leuten besteht, die das Kriegshand:
werk zu ihrem einzigen und zu einem be:
sondern Gewerbe machen, hebt schon die
Rechtlichkeit einer Verfassung unter
Staaten dadurch auf, daß sie die Bürger
und Obrigkeiten der einzelnen Staaten ge:
gen einander mißtrauisch und besorgt macht,
dem Friedensvertrage unter den Staaten
etwas an die Seite setzt, das ihn in jedem
Augenblicke wieder aufzulösen geschickt ist,
und den Zustand, den dieser Vertrag unter
den Völkern stiften sollte, in einen Zustand
der steten Bereitschaft zum Losschlagen ver:
wandelt. Die stehenden Armeeen sind ein
Beweis, wie weit die Menschen noch in
der höhern Kultur und Humanität zurück
sind. Es sollte schlechterdings in den Staa:
ten kein Stand vorhanden seyn, der blos
zum Verstümmeln, Verwunden und Töd:

ten abgerichtet wůrde; kein Glied des Staa=
tes sollte gewerb= und arbeitlos, und kein
Stand im Staate seyn, der denen, die
nicht arbeiten wollen und doch arbeiten
können, einen Unterhalt auf Kosten der
fleißigen und nützlichen Bürger verschaffte.
Es ist zum Entsetzen, wenn man bedenkt,
daß in Deutschland allein mehr als eine
Million starker und rüstiger Jünglinge und
Männer entbehrt werden können, um blos
als Soldaten zu dienen; weil sie aber denn
doch einmal zum Schlagen da sind und be=
zahlt werden, so hält man dafür, daß man
sie auch zweckmäßig beschäftigen müsse, und
führt oft blos um ihrentwillen Kriege. In
einer rechtlichen Verbindung der Staaten
bedarf es keines stehenden Heeres, und es
ist eine der ersten Bedingungen, daß kein
verbundener Staat eine stets bewaffnete
Macht unterhalte. Es bedarf also auch
alles des großen Aufwandes nicht, der zur
Erhaltung, Rüstung und Uebung desselben
in Friedenszeiten erfordert wird.

Die Bedürfnisse der Staaten haben
sich in eben dem Grade vermehrt, in wel=

chem die bürgerlichen Gesellschaften je ei=
nen Grad der äußern Kultur nach dem an=
dern erstiegen haben. Aus Jägervölkern
sind Hirtenvölker, aus diesen ackerbauende
Völker geworden, und diese haben sich zu
einem Zustande emporgehoben, der mit al=
len diesen Lebensarten zugleich die bürgerli=
chen Gewerbe, Fabriken, Manufakturen,
Handel und Schiffahrt, vereiniget. Mit
jedem Uebergange aus einem dieser Zustände
in den andern vermehrten und vervielfältig=
ten sich die Arten des Eigenthums und der
Verträge der Bürger unter einander; es
entstanden neue Verhältnisse unter ihnen,
die vorher nicht da waren; durch die Man=
nichfaltigkeit der Rechtsfälle wurde die Ge=
rechtigkeitspflege verwickelter und schwieri=
ger, und erheischte die Mitwirkung meh=
rerer Personen, die nun, mit Hintanse=
tzung jeder andern Lebensart zu ihrer Er=
haltung, sich den öffentlichen Geschäften
ausschließend widmen, und von dem Staa=
te unterhalten werden mußten. So lange
zwischen den verschiedenen Völkern kein
Handelsverkehr in einem Grade Statt

fand, der zur Fortbringung schwerer Laſten
und zur Erleichterung der Kommunikation
und des Umtauſches, Anſtalten und Bequemlichkeiten erfordert, gab es keine geebneten
Landſtraßen und Chauſſeeen, keine Schiffs-
werfte, keine ſchiffbaren Kanäle, keine Häfen und Brücken, keine Börſen, keine Po-
ſten, keine Münzen u. ſ. w. Dinge, deren Herſtellung und Unterhaltung, da die
Vortheile davon Allen gemein ſind, nicht
Einzelnen zur Laſt fallen kann, und die mithin der Staat beſorgen muß.

Je mehr ſich die Zweige der Regierung
vervielfältigen, und je mehr ſich dieſe be-
ſtreben muß, jeden dieſer Zweige in dem
möglichſten Grade der Vollkommenheit zu
verwalten, je höher die Kultur des Ackerbaues, der Viehzucht, der Gewerbe, Künſte und Wiſſenſchaften und des Handels getrieben wird, und ſich treiben läßt; je mehr
uns andere Nationen mit ihren ſittlichen
Vorzügen, Talenten und Geſchicklichkeiten,
als nachahmungswürdige Beiſpiele vorge-
hen, und je mehr wir fühlen, wie weit

wir selbst noch gegen sie in der Sittlichkeit,
in Kenntnissen, Einsichten und Methoden
aller Arten von Gegenständen zurückstehen;
desto dringender wird auch das Bedürfniß
zu öffentlichen Unterrichtsanstalten aller
Art, die nicht allein das bereits Entdeckte
und Erfundene zu erhalten und fortzupflan-
zen, sondern auch die Produkte eines jeden
Feldes, das ihrer Pflege anvertraut ist,
verfeinern, und durch neue zu vermehren
dienen. Dergleichen Anstalten können
zwar auch von Privatpersonen gestiftet werden, und der Staat darf sie nicht verhindern; aber er hat auch nicht nöthig, zu
warten, bis ein Einzelner das Bedürfniß
dazu fühle, und zum Werke schreite; sondern er ist, vermöge seiner höchsten Aufsicht, befugt, solche Veranstaltungen zur
Erziehung und Unterweisung der Jugend,
zur Emporbringung der Wissenschaften, der
Künste, Gewerbe und des Handels, selbst
zu treffen, und sich besonders solchen mit
Thätigkeit zu unterziehen, deren Errichtung
und Erhaltung außer der Sphäre der Kräfte und des Vermögens einzelner Bürger lieg

gen. Diese Anstalten erfordern also einen
neuen Aufwand, der einem blos ackerbauen=
den Volke, und noch mehr einem Hirten=
und Jägervolke gänzlich unbekannt ist.

Als noch die Völker Jäger, Hirten und
Ackersleute waren, bedurften sie keiner ste=
henden Heere zu ihrer Vertheidigung; sie
beschützten sich unmittelbar selbst gegen
feindliche Anfälle; jedermann war selbst
Soldat; der geübteste war der Jäger; mehr
als der Ackersmann war es der Hirt. Je=
der Jäger ist vermöge seiner Lebensart zu=
gleich Krieger. Krieg ist die Arbeit, durch
die er sich nährt. Auch die Hirtenvölker sind
zugleich Krieger, da sie, wie die Tataren
und Araber, unter freiem Himmel, in Zel=
ten oder wandelnden Häusern, zu leben
gewohnt sind, und Zeit und Muse genug
haben, sich in den Waffen zu üben. Wenn
sie Krieg führen, folgen ihnen ihre Heer=
den, die sie nähren und kleiden. Mit den
ackerbauenden Völkern ist es etwas anders
beschaffen. Auch sie können sich zwar leicht
an die Beschwerlichkeiten des Kriegs ge=

wöhnen, da sie sich allen Einflüssen der
Witterung, einen großen Theil des Jah=
res hindurch, auszusetzen genöthiget und da
ihre Feldarbeiten, in vielen Stücken, den
Verrichtungen im Kriege ähnlich sind; al=
lein sie müssen sich schon an einen festen Auf=
enthalt, an eine Heimath halten, und ihre
Feldgeschäfte erlauben ihnen nicht, stets
abwesend zu seyn; auch pflegen die Kriege
gewöhnlich gerade zu der Zeit geführet zu
werden, wo der Landmann mit Pflügen,
Säen, Pflanzen, Erndten u. s. w be=
schäftiget ist. Ein ackerbauendes Volk kann
also wenigstens nicht zu jeder Zeit des Jah=
res in den Krieg ziehen; und muß Greise,
Weiber und Kinder, zur Besorgung der
Wirthschaft, zu Hause lassen; inzwischen
braucht es doch zwischen der Bestellzeit und
der Erndte, als der Zeit die ihm zum
Kriegsdienste übrig bleibt, nicht um Sold
zu dienen, da es auf so lange die Mittel
seiner Subsistenz selbst mit sich nehmen
kann. Eine Gewerbe, Künste und Han=
del treibende Nation hingegen kann sich keine
Zeit im Jahre zum Kriege abmüssigen; je=

der Familienvater ist an seinem Schreib=
tisch, sein Comtoir, seine Werkstatt ge=
bunden, die er mit den Seinigen nicht ver=
lassen kann, ohne seine ganze Wirthschaft,
sein Gewerbe und seinen Handel zu Grun=
de zu richten. Vermöge des Handels, der
rohe und verarbeitete Natur= und Kunst=
produkte aus einer Hand in die andere
treibt, alle Stände und Lebensarten in
sein Interesse zieht, und selbst den Land=
mann zum Handelsmann macht, nimmt
nun der Staat den Charakter eines han=
delnden Staates an, und wird von Seiten
seiner Einwohner zu einem kriegerischen
Staate eben so untauglich, als die Verfol=
gung des Vortheils durch Handel und Wan=
del, in welcher jeder bis zum geringsten
Taglöhner herab begriffen ist, ihn gar nicht
zu dem Gedanken an Krieg mit seinen
Nachbarn kommen läßt. Es ist kein Staat
in Europa, der nicht mit unter dieser Kat=
egorie begriffen wäre; keiner dieser Staa=
ten hat also im Grunde zu besorgen, von
den Bürgern und Einwohnern eines an=
dern mit Krieg überzogen zu werden; wenn

Kriege entstehen, so liegt die Ursache da=
von nie in den Bürgern, sondern in der
besondern Politik, den Ansprüchen und
dem persönlichen Interesse der Regenten.
Jene bedürfen also keines Heeres, weil sie
weder andere Staaten feindlich anzufallen
geneigt sind, noch auch von den Einwoh=
nern anderer benachbarter Staaten ange=
fallen zu werden befürchten dürfen. Nur
Könige und Fürsten befinden sich, vermöge
ihrer politischen Verhältnisse zu einander,
in der Nothwendigkeit, stets gerüstet zu
seyn; die Ehrgeizigen und Länderdurstigen,
um Eroberungen zu machen, und die, die
den Grundsätzen der moralischen Politik zu=
gethan sind, um sich der Anmaßungen je=
ner zu erwehren; in welcher Rücksicht allein
für Gewerbe und Handel treibende Staa=
ten, der beständige Soldat das angemes=
senste Vertheidigungsinstrument so lange
seyn und bleiben wird, als es stehende Hee=
re giebt, denen bloße Miliz überhaupt
schwerlich in allen Fällen die Wage halten
dürfte. Der beständige Unterhalt eines

B

solchen Heeres erfordert aber wieder einen
Aufwand, der in den jetzigen Zeiten durch
die Artillerie, Flinten, Ammunition, den
Transport derselben, der Lebensmittel und
des Gepäckes u. s. w. außerordentlich kost=
bar ist.

Nach dem bisher Angeführten wird al=
so der Staat für die Befriedigung folgen=
der Bedürfnisse zu sorgen haben: 1. für
den Unterhalt der gesetzgebenden, der aus=
führenden und der richterlichen Gewalt und
der ihnen subordinirten Personen; 2. für
öffentliche Werke und Anstalten zur Erleich=
terung der Manufakturen, der Fabriken,
und des Handels; 3. für die Beförderung
und Erleichterung des Unterrichts aller Art,
und der Erziehung der Jugend und 4. für
die Staatsvertheidigungsanstalten.

Im deutschen Reiche ist die gesetzgeben=
de und ausführende Gewalt in den Händen
des Kaisers und der gesammten Reichsstän=
de, die ihren Antheil daran durch ihre Ge=
sandten am Reichstage zu Regensburg ver=
sehen lassen; die richterliche Gewalt ist zwey

höchsten Reichsgerichten, dem Reichshofrath zu Wien, und dem Reichskammergerichte zu Wetzlar übertragen; und zur gemeinschaftlichen Vertheidigung des Reichs
dienen die Reichsarmee und die Reichsfe-
stungen. Die Bedürfnisse, die das Reich,
als ein Ganzes, zu bestreiten haben müßte,
würden sich also auf folgende zurückführen
lassen: 1) auf die der höchsten Würde des
Kaisers angemessene Unterhaltung desselben;
2) auf die Unterhaltung der Reichsgesand-
schaften, des ihnen untergeordneten Personals, und der zu ihrer Versammlung nöthigen Gebäude und übrigen Requisiten; 3)
zur Unterhaltung des Reichshofraths und
Kammergerichts und der unter ihnen stehenden Personen, nebst den zur kollegiali-
schen Betreibung ihrer Geschäfte erforderlichen Wohnungen; 4) zur Aufbringung
und Verpflegung der Reichsarmee. Ob
und in wiefern das Reich 5) die Anlegung
und Unterhaltung öffentlicher Werke und
Anstalten zu Erleichterung der Fabriken,
Manufakturen und des Handels und zur

B 2

Beförderung der Erziehung und des Unterrichts sich zum Bedürfniß und zu einem Gegenstande seiner höchsten Obsorge gemacht habe, ist für uns gegenwärtig noch problematisch, und wird sich erst bey der Ausführung selbst ergeben.

Erster Abschnitt.

Von der staatswirthschaftlichen Verfassung des Reichs in Ansehung der Reichsdomänen und Regalien.

Die Mittel zur Bestreitung der Staatsbedürfnisse werden zuvörderst aus dem Staatseigenthume selbst, oder, mit andern Worten, aus den Domänen und Regalien, die Eigenthum des Staats sind, hergenommen.

Unter Domänen versteht man bestimmte liegende Grundstücke und Gebäude, die kein Privateigenthum sind, sondern die sich der Staat entweder bey der ursprünglichen Vertheilung des Grundes und Bodens selbst vorbehalten, oder die er in der Folge rechtlich erworben hat, um von dem Ertrage derselben die nöthigen öffentlichen Ausgaben zu bestreiten. Sie können auch in Kapitalien, die aus dem Verkaufe solcher Güter an Privatpersonen entstanden sind, oder in gewissen Einkünften, die sich

der Staat bey andern Arten von Veräuß=
rung solcher Grundstücke ausdrücklich bedun=
gen hat, bestehen, da alsdann die Interes=
sen von jenen und die Einkünfte von diesen
zu den Staatsausgaben verwendet werden.

Domänen, Kron = oder Kam=
mergüter sind im Grunde unnöthig und
überflüssig und drückend für das Publikum.

Unnöthig und überflüssig sind sie, weil
es noch einen zuverläßigeren und auslangen=
deren schon lange eröffneten Weg giebt, die
Kosten für die Bedürfnisse des Staats auf=
zubringen, zu welchem der Staat ohnehin zu
rekurriren genöthiget ist, wenn die Einkünf=
te aus den Domänen dazu nicht hinreichen
— die Steuern. Was bedarf es für
den Staat besonderer ihm eigenthümlicher
Ländereien, da ja jeder Privatlandeigen=
thümer, vermöge seiner Eigenschaft als sol=
cher und als Staatsbürger, ohnehin seinen
Antheil an dem öffentlichen Aufwande zu
tragen verbunden ist, und alles Land im
Staate zum Territorio und Eigenthume des

Staats gehört, das sein Besitzer von dem=
selben nicht trennen und in das Eigenthum
eines andern Staats bringen kann.

Drückend für das Publikum sind sie
in sofern. Es ist ein Grundsatz, daß sich,
wenn sonst alles Uebrige gleich ist, die Prei=
se der Lebensmittel, so wie aller Waa=
ren, zu einander verhalten, wie die An=
zahl der Verkäufer zu der der Käufer. Je
größer die Anzahl der erstern ist, desto wohl=
feiler ist der Kauf; theurer hingegen, wenn
das Verhältniß der Anzahl der Verkäufer
zu der der Abnehmer geringer ist. In ei=
nem Staate, der viele Domänen hat, muß
die Anzahl der Verkäufer ungleich geringer,
folglich auch der Preis der Erzeugnisse viel
höher seyn, als in einem Lande von glei=
chem Flächeninhalte, wo das gleiche Quan=
tum der Domänen sich in den Händen mehre=
rer Eigenthümer befindet. Mit der vergrößer=
ten Konkurrenz der Verkäufer wächst auch ver=
hältnißmäßig die Wohlfeilheit ihrer Waaren,
die hingegen desto theurer werden, je mehr
die Anzahl der Verkäufer abnimmt. Man

könnte zwar einwenden, daß es ja in der
Willkühr der Kammern stehe, wohlfeiler
zu verkaufen, und dadurch den Privatei=
genthümer zu nöthigen, seine Preise eben=
falls zu erniedrigen. Allein einmal strei=
tet es mit den Grundsätzen des allgemeinen
Staatsrechts, die Beförderung der Staats=
zwecke von bloßer Willkühr abhängig zu ma=
chen; da sich diese gar leicht staatszweckwi=
drig bestimmen kann; und. einen solchen
Prozeß gegen ihren besondern Vortheil durch
wohlfeilern Verkauf vorzunehmen, dürften
sich wol die wenigsten Kammern geneigt
finden lassen. Zweitens hängt es auch nicht
immer von der Willkühr derer, die die Do=
mänen verwalten, ab, die Preise ihrer
Erzeugnisse herabzusetzen; da sich die Staats=
bedürfnisse selten zu verringern, sondern
vielmehr immer zu vermehren pflegen, mit=
hin man eher auf eine Vermehrung, als
auf eine Verringerung der Einkünfte Be=
dacht zu nehmen genöthiget ist Eine sol=
che Vermehrung von Seiten der Domä=
nenkammern kann aber nicht Statt finden,
wenn der Privatlandeigenthümer zu glei=

cher Zeit nicht selbst durch äußere Umstände
in den Fall gesetzt wird, die Preise seiner
Erzeugnisse zu steigern.

Wenn in einem Lande, das viele Domänen hat, die Quantität der zu Markte
gebrachten Produkte der Ländereien der
Privateigenthümer zur Befriedigung der
Bedürfnisse der Einwohner nicht hinreicht,
so wird es stets in der Gewalt der Kammer
oder ihrer Pächter stehen, die Früchte über
den natürlichen Preis hinauf zu steigern,
den sie haben würden, wenn die Quantität der zum Kauf ausgestellten Früchte zur
Befriedigung des Verlangens aller Käufer
hinreichend wäre. Denn um ihre Früchte
über den natürlichen Marktpreis zu verkaufen, werden die Kammern oder ihre Pächter nicht unterlassen, nur wenig zu Markte
zu bringen, um dadurch die, die das Bedürfniß der Waare am meisten fühlen, zu
nöthigen, für den geforderten Preis zu
kaufen, um nur nicht leer auszugehen;
und dieser künstliche Prozeß wird um desto
zuverlässiger wirken, wenn, wie es ge-

wöhnlich der Fall ist, auch die Besitzer der
großen Privatlandgüter sich mit jenen ver=
einigen. Die Kammern und adlichen Guts=
besitzer treten durch dergleichen Finanzope=
rationen in die Eigenschaft der Monopoli=
sten, deren Maxime es jederzeit ist, nie
der Nachfrage nach ihren Waaren durch
Ausstellung einer der Anzahl der Käufer
proportionirten Quantität vorzueilen, son=
dern vielmehr einen Theil der Nachfragen=
den immer leer ausgehen zu lassen.

Hiernächst ist es auch keinem Zweifel
unterworfen, daß Kammergüter, sie mö=
gen selbst verwaltet oder verpachtet werden,
bey weitem nicht den Vortheil und reinen
Ertrag gewähren, den sie abwerfen müß=
ten, wenn sie unter mehrere Eigenthümer
vertheilt würden. Von je größerm Um=
fange die Grundstücke sind, die nur Einer
besitzt, desto unvollkommener ist die Kul=
tur derselben, die hingegen in dem Ver=
hältniß zunehmen wird, in welchem sich
mehrere Eigenthümer in diese Grundstücke
theilen. „Die Kronländereien Grosbri=

kannten, sagt Smith *) werfen jetzt
nicht einmal ein Viertel der Rente ab, die
man vermuthlich daraus ziehen würde,
wenn sie Privatperſonen zugehörten. Wären die Kronländereien noch weitläuftiger,
ſo würden ſie vermuthlich auch noch ſchlech-
ter verwaltet werden."

Es iſt bekannt, was durch die im Jahre 1776 angefangene Vereinzelung der
Domänengüter in Böhmen für große Vortheile erwachſen ſind. Schon bey Beendi-
gung dieſes Geſchäfts, im Jahr 1782,
war die Bevölkerung um 10000 Menſchen
geſtiegen, der Viehſtand hatte ſich um
70000 Stück, und die unmittelbaren landesherrlichen Einkünfte um 400000 Gulden vermehrt. Durch eine gleiche Vertheilung ſeiner Kammergüter hat der Herr
Fürſt Reuß zu Greiz nicht allein die von

---

*) Unterſuchung der Natur und Urſachen
von Nationalreichthümern. II. Band.
S. 530. der Mauvillonſchen Ausg.
Leipz. 1776. Die Garviſche habe ich
nicht bey der Hand.

Untergreiz geerbte Schuldenlast getilgt, son=
dern auch jetzt noch einmal soviel Einkünfte
aus diesen ehemaligen Kammergütern, als
sie ihm vor der Zeit ihrer Zerschlagung ein=
gebracht hatten.

Länder, in welchen viele Kammergü=
ter sind, können nicht so viele Familien er=
nähren, als solche, wo alles Land Privat=
eigenthum ist, und die Bevölkerung eines
Landes, so wie Künste, Handel und Ge=
werbe, richten sich in ihrem Steigen und
Fallen genau nach der Anzahl der Grund=
eigenthümer, die einen Theil ihrer Ein=
künfte verzehren. Diese Anzahl darf we=
der zu groß seyn, damit die Grundstücke
nicht in zu geringe Portionen zerfallen,
noch zu klein, damit nicht der größere Theil
der Unterthanen bey der Vertheilung leer
ausgehe. Dort würde der reine Ertrag
der Portionen schwerlich zur Befriedigung
der ersten Bedürfnisse des Lebens ausrei=
chen, und hier die größere Menge durch
Arbeit nicht so viel verdienen, um für mehr
als ihre nothdürftige Erhaltung sorgen zu
können.

Ueberhaupt scheint es dem Zwecke und
der Würde der Staatsregierung nicht an:
gemessen zu seyn, sich selbst mit Landökono:
mie und Handel abzugeben, und mit ihren
Unterthanen hierin in Konkurrenz zu treten
und zu wetteifern. Sie soll Handel, Kün:
ste, Ackerbau und Gewerbe schützen und
ihre Aufnahme befördern helfen, aber nicht
den Bürgern und Bauern in ihre Geschäfte
greifen. Der Staat ist hierin für diese
ein zu gefährlicher Mitwirker; denn sein
Einkommen und sein ganzes physisches Ver:
mögen ist von ungleich größerer Wichtigkeit
und Wirksamkeit, als die eines jeden Ein:
zelnen im Staate; und diese würden bald
zu Grunde gerichtet seyn, wenn die Regie:
rung mit ihnen zugleich in denselben Schran:
ken den Wettlauf beginnen wollte.

Eben so sehr streitet es auch mit den
Grundsätzen einer guten Staatsverwaltung,
wenn der Staat das aus dem Verkaufe der
Domänen gelöste Kapital auf Zinsen aus:
leihet und aus diesen seine öffentlichen Aus:
gaben bestreitet. Er vertritt dadurch dem

arbeitſamen Bürger und Landmann den
Weg, ſeine Errungenſchaft auf die vortheil=
hafteſte Weiſe zu benutzen, und entziehet
denen, die von ihren Intereſſen leben, ei=
nen Theil ihrer Erhaltungsmittel. Wenn
der Staat den Nahrungszuſtand ſeiner Un=
terthanen nicht befördern helfen will, wie
er doch ſollte, ſo dürfte er ihn wenigſtens
nicht, durch ſeine Konkurrenz als Kapita=
liſt, verſchlimmern. Je größer auch übri=
gens der ganze Stock des Staats iſt, den
er auf Zinſen legt, auf deſto geringere Zin=
ſen davon kann er ſich Rechnung machen,
da er jenen zu vereinzeln, und wegen Man=
gels an hinreichenden Anleihern, die einzel=
nen Kapitalien für geringe Intereſſen un=
terzubringen genöthiget iſt, wenn er ſie
nicht müßig liegen laſſen will.

Mit einem Worte: der einzige Ge=
brauch, den der Staat von den Domänen
machen könnte und ſollte, iſt der, daß er
ſie unter einzelne Bürger unentgeltlich, und
ſelbſt ohne ſie mit einem Kanon oder Grund=
zins zu belegen, vertheilte, und ſeine Be=

dürfniſſe durch Steuern und Auflagen be-
ſtritte, die natürlicherweiſe auch auf dieſe
Grundſtücke mit fallen, es ſey denn, daß
der Staat Schulden hätte, und dieſelben
ganz oder zum Theil aus dem Verkauf der
Domänen tilgen könnte. Er dürfte höch-
ſtens ein Landgut von der allgemeinen Vertheilung ausnehmen und ſich vorbehalten,
nicht eben um damit ſich Einkünfte zu machen, ſondern hauptſächlich, um nützliche
Verſuche darauf anſtellen zu können, und
den Privateigenthümern zur Nachahmung
nützlicher Entdeckungen und Erfindungen,
vorzuarbeiten und mit ſeinem Beiſpiele vor-
zugehen.

In ackerbauenden Staaten iſt allenthalben Land, das irgend eine Art Früchte
zu tragen geſchickt gemacht werden kann;
es erfüllt, wo nicht den ganzen, doch den
bey weitem größten Theil des Territoriums
des Staats, und iſt aus dieſem Grunde
zu einer allgemeinen, allenthalben zu be-
wirkenden Vertheilung unter die Staatsbürger geeignet. Außer dieſen Ländereien

giebt es aber im Staatsterritorium noch
mehrere Sachen und Rechte, die wegen
ihrer Individualität, oder weil sie ihrer
Natur und Beschaffenheit nach gar nicht getheilt werden, oder weil wenigstens nicht Alle
daran Theil nehmen können, ein Eigenthum aller Privatpersonen zu werden nicht
geschickt sind, und daher dem Staate überhaupt vorbehalten bleiben müssen. Die
Befugnisse, dergleichen Dinge und Rechte
zu benutzen, heißen Regalien. Man
theilt sie in Landstraßen-, Wald- und Jagd-,
Berg- und Salzwerks-, Post- und Münz-
und Wasser-Regalien. Daß alle diese
Dinge nicht so beschaffen sind, von allen
Individuen des Staats theilweise als Eigenthum benutzt werden zu können, liegt
klar am Tage. Kein Privatmann kann
sich vor allen andern aufwerfen, Chausseen
zu bauen, und sie mit Wegegeld und Zöllen zu belegen; Wälder und Forste leiden
keine schickliche Vertheilung unter Alle, und
es würde bald um sie gethan seyn, und ein
allgemeiner Holzmangel einreißen, wenn
jedem freigelassen würde, nach seinem Ge-

fallen damit zu schalten und zu walten; sie
müssen also, damit der Staat nie in die
Gefahr eines solchen Mangels gerathe, von
der höchsten Gewalt desselben wirthschaftlich
verwaltet werden. So ist es auch mit
der Wald- und Feldjagd; der Bestand des
Wildes würde entweder zur Ungebühr und
zum Schaden der angrenzenden Landeigenthümer anwachsen, oder, welches vielleicht
eher zu befürchten wäre, ganz und gar ausgerottet werden, und dadurch ein sehr an-
genehmes Nahrungsmittel verlohren gehen.
Von den übrigen Arten von Regalien gielt
ein Gleiches; und es ist unnöthig, die Un-
geschicktheit einer jeden insbesondere zur
Privatbenutzung Aller auszuführen. Das
aber muß noch in Ansehung ihrer bemerkt
werden, daß, da die Gegenstände dieser
Regalien, so wie die Ländereien, zum allgemeinen Eigenthume des Staats gehören,
dieselben auch hauptsächlich zum Nutzen des
Staats und seiner Bürger verwaltet und
verwendet, nicht aber als eine Quelle, die
Einkünfte des Staats daraus zu vermehren,

C

betrachtet werden müssen. Dem Rechte nach würde es sich also mit dem Gebrauche und der Anwendung der Einkünfte von diesen Rechten so verhalten. Alle Konsumtibilien und Materialien, die die Forst-, Jagd-, Fischerei-, Berg- und Salzwerk-Regalien liefern, müßten vor allen Dingen den Unterthanen für einen Preis, der dem zur Verwaltung erforderlichen Aufwand proportionirt wäre, verkauft; von den Chaussee- und Brückengeldern, Zöllen u. s. w., müßten die zur Erbauung und Unterhaltung der Landstraßen, Brücken, Kanäle und dergl. aufzuwendenden Kosten bestritten; die Einkünfte von den Posten zur Wiedererlangung und Erhaltung des zur Einrichtung und Unterhaltung dieser Anstalten benöthigten Fonds angewendet, und die Münzen nach ihrem inneren Gehalte ausgemünzt werden.

Mit den Gegenständen aller dieser Regalien darf also im Lande nicht gewuchert, und sie dürfen nicht als Mittel, die Staatskassen reich zu machen, benutzt werden;

auch aus dem Grunde, weil der Handel mit
denselben nicht anders denn als ein Monopol
getrieben werden könnte, bey welchem der
Bürger jeden geforderten Preis zu entrich=
ten gezwungen wäre. Das Münzregal darf
am allerwenigsten als Quelle von Einkünf=
ten und Vortheilen benutzt werden; denn
je höher der Prägeschatz oder Zusatz ist, der
mit zum innern Werth der Münzen ange=
schlagen wird, desto mehr verlieren die Un=
terthanen in ihrem Handel mit Auswärti=
gen, die das Geld nur nach seinem innern
Werthe annehmen.

Was die Gegenstände der übrigen Re=
galien, besonders diejenigen betrifft, die es
mit Konsumtibilien und andern Bedürfnis=
sen zu thun haben, so kann, wenn zuvör=
derst die Nothdurft der Staatsbürger aus
denselben befriedigt ist, der Ueberschuß da=
von an Ausländer für einen, obwohl den
inländischen übersteigenden, doch billigen
Preis verlassen, und also als eine Quelle
von Einkünften behandelt und mit zur Be=

streitung der öffentlichen Ausgaben ange=
wendet werden; und nur in so fern kom=
men sie auch hier in Anschlag.

Eigentliche Kammer= oder Krongüter,
Domänen, besitzt das Deutsche Reich, als
ein Ganzes, jetzt gar nicht mehr. Ehe=
mals, und bis auf Kaiser Heinrich VI.,
in der zweiten Hälfte des 12ten Jahrhun=
derts, gab es noch sehr beträchtliche Do=
mänen in Deutschland und Italien, deren
Einkünfte nebst dem Königszins der Reichs=
städte, den Einkünften von den erledigten
hohen Stiftern, Rheinzöllen und übrigen
Regalien auf 12 Millionen Rthlr., jetzi=
ger Währung, geschätzt werden, und der
freien Disposition des Kaisers überlassen
waren. Nach Heinrichs Tode aber, und
besonders in dem großen Zwischenreiche,
giengen viele dieser Domänen oder kaiserli=
chen Güter und Gefälle, theils durch die
Ermächtigungen der zu einer höhern Stufe
der Macht gestiegenen Reichsstände, in de=
ren Territorien sie lagen, theils durch Ver=
pfändung und Verschenkung der für ihre

Nachfolger unbesorgten Kaiser selbst, deren
Ansehen und Gewalt sehr gesunken war,
gänzlich zu Grunde. An eine Wiederein-
lösung der verpfändeten Reichsdomänen war
nicht zu denken, da die Reichsstände selbst
die Inhaber derselben geworden waren, und
nach Einführung der Wahlkapitulationen
die Kronkandidaten vor ihrer Wahl ver-
pflichten konnten, sie in dem Besitz der
Reichspfandschaften ruhig zu lassen. Und
obwohl die beiden Ferdinande, der IIte
und IIIte, zu dergleichen Wiedereinlösun-
gen Versuche machten, so wurde jedoch im
Westphälischen Frieden von neuem festge-
setzt, daß der Kaiser den Reichsständen die
Reichspfandschaften bestätigen und sie dabey schützen sollte; und seit dem Jahre
1742 haben diese sogar die Eigenschaft eines Pfandes völlig verlohren, da der Kaiser seit dieser Zeit in der Wahlkapitulation
verpflichtet wird, die Kurfürsten, Fürsten
und Stände bey den ihnen verschriebenen
Reichspfandschaften ohne Wiedereinlö-
sung und Wiederrufung zu schützen.

Ein gleiches Schicksal hatten auch die Regalien, von denen es nicht zweifelhaft ist, daß sie zu den Zeiten der Karolingischen, Sächsischen und Schwäbischen Kaiser von denselben ausschließlich benutzt worden sind. Ihnen gehörten im Reiche alle Zölle, sonderlich die ergiebigen Rheinzölle, Bergwerke, Münzgefälle und Salzgruben, entweder ganz oder doch der zehnte Theil der Ausbeute. Seitdem aber das Deutsche Reich in ein förmliches Wahlreich in Ansehung seines gemeinschaftlichen Oberhauptes verwandelt worden, und die Kaiser mehr für sich selbst zu sorgen anfiengen, für das Interesse ihrer Nachfolger aber unbekümmert waren; als sich die Stände des Reichs allmählig die Landeshoheit errungen und erblich gemacht hatten, kamen auch nach und nach die ehemaligen Reichsregalien, die sich in ihren nunmehrigen Territorien befanden, so wie die Kaiserlichen Kammergüter, in ihren Besitz, und Kaiser und Reich sind jetzt, so wie von allen Einkünften aus Domänen, auch von allen Rega-

ten und aller Verwaltung derselben zum
Nutzen des gesammten Reichs entblößt.

Unsere den Reichsdomänen und Regalien gewidmete Untersuchung würde hier,
da es dergleichen heut zu Tage gar nicht
mehr giebt, zu Ende seyn, wenn sich uns
nicht noch die Frage in den Weg stellte: ob
es denn auch den Zwecken der Deutschen
Reichsverbindung gemäß sey, daß Kaiser
und Reich aller Domänen und Regalien,
und aller Disposition über dieselben ermangeln? Um also diese Frage zu beantwor-
ten, müssen wir als Grundsatz voraussetzen, daß, wenn die Deutsche Reichsverfassung eine gesetzliche seyn soll, wie sie denn
auch für eine solche gehalten wird, die höchste ausführende Gewalt des Reichs das
Uebergewicht der physischen Macht und des
Ansehens über jeden einzelnen Stand des
Reichs behaupten müsse, um den Gesetzen
und höchsten richterlichen Aussprüchen Respekt und Folge zu verschaffen. Denn sobald die physische Macht Einzelner, der
Macht der höchsten Staatsgewalt gleich

ober überlegen ist, sobald wird auch in dem
Gleichmächtigen oder Mächtigern der Wille
entstehen, sich den Gesetzen zu entziehen,
dieselben, wo sie seinem besondern Interesse
im Wege stehen, zu übertreten und die richterlichen Erkenntnisse gegen ihn unwirksam
zu machen. Wer das Uebergewicht der
physischen Macht haben soll, dem müssen
auch die Mittel, sich dasselbe zu verschaffen
und zu erhalten, gegeben werden, und
diese Mittel müssen aus Quellen fliessen,
die ihm allein zugänglich sind. Denn könnten sie entweder mit ihm getheilt, oder könnte er von andern wol gar davon ausgeschlossen
werden, so würde aus dem Uebergewichte
in jenem Falle ein Gleichgewicht der Macht
und in diesem sogar eine Ohnmacht der
höchsten Gewalt entstehen, welches ein
Widerspruch in dem Begriffe derselben
selbst wäre.

Von je größerem Umfange der Wir-
kungskreis der höchsten ausführenden Gewalt oder des Regenten eines Staates und
Völkerstaates ist, desto größer ist auch der

Aufwand, den die Herbeischaffung und Er=
haltung der Mittel, die er zur Aufrechthal=
tung der Staatszwecke nöthig hat, erfor=
dert. Alle subordinirten Gewalten müssen,
so wie sie von der höchsten ausführenden
Gewalt ausgehen und abhängen, auch aus
ihren Händen die Mittel, deren sie zu ih=
rer Würksamkeit bedürfen, erhalten.

Die Quellen aller dieser Mittel kön=
nen keine andern seyn, als die Domänen,
und, nach den obigen Bestimmungen,
auch mehrere der Regalien; nächst diesen
aber die Beiträge, die aus dem Privat=
vermögen der Unterthanen geleistet werden.
Es ist aber oben gezeigt worden, daß die
Domänen nicht allein zur Bestreitung der
Ausgaben des Staats unnöthig und über=
flüssig, sondern auch dem Nahrungszustan=
de der Unterthanen nachtheilig und folglich
zweckwidrig, die Regalien aber, ihrer Na=
tur nach, gar nicht dazu geeignet sind,
als Quellen von Einkünften behandelt zu
werden; es müßte also auch ein Gleiches
in Ansehung der Domänen und Regalien

im Deutschen Reiche Statt finden; es sollten in keinem integrirenden Deutschen
Reichslande Domänen und der Ertrag aus
den Regalien hauptsächlich für den Genuß
und die Bequemlichkeiten der Reichsunterthanen berechnet seyn. Nun giebt es aber
in den einzelnen Deutschen Ländern Domänen und Regalien, die als Quellen der
Einkünfte ihrer Regenten benutzt werden,
das Deutsche Reich hingegen als ein Ganzes genommen, entbehret ihrer gänzlich;
die höchste ausführende Gewalt des Deutschen Reichs überhaupt steht also hierin den
Regenten der einzelnen Deutschen Territorien nach; dem Theile stehen Mittel zu Gebote, die dem Ganzen fehlen, der Theil
ist mächtiger und reicher an Mitteln als das
Ganze; eine Sache, die, ob sie gleich in
der bestehenden Territorialhoheit der Reichsstände ihren Grund hat, und in so fern
ganz konsequent ist, doch mit den Grundsätzen des allgemeinen Staatsrechts, ohne
welches kein Deutsches Staatsrecht seyn
kann, in geradem und offenbarem Widerspruche steht, nach welchem die Regenten

der besondern integrirenden Länder in allen
Stücken, sie mögen Namen haben, wie sie
wollen, von der allerhöchsten Gewalt abhängig seyn, und folglich auch die Mittel
zur Verwaltung ihrer besondern Länder aus
den Händen deffen, dem die gemeinschaftlichen Quellen des Ganzen allein geöffnet
sind, empfangen müßten.

Im Deutschen Reiche sollten also entweder gar keine Domänen seyn, oder, wenn
man sie beibehalten wollte, müßten sie, vermöge der Forderung des allgemeinen Staatsrechts, wenn doch einmal ein solches seyn
und angenommen werden soll, unter der
Aufsicht, Verwaltung und Benutzung des
höchsten Regenten des Reichs, nach welcher Form er eingesetzt seyn möchte, stehen.

Was die Regalien insbesondere betrift,
so erfordern diese in dieser Rücksicht, wegen ihres wichtigen Einflusses auf die Beförderung des gemeinschaftlichen Zwecks Alter, an welchen alle besondere Länder, so
viel nur immer möglich ist, gleichen An-

theil nehmen sollten, noch eine besondere
Betrachtung. Es ist bereits oben bemerkt
worden, daß diejenigen Rechte und Güter,
die schlechterdings kein Privateigenthum
seyn können, und von welchen der Vortheil
allen Staatsbürgern durch die Art, wie sie
öffentlich verwaltet werden, zufließen muß,
eigentlich gar nicht zu Quellen öffentlicher
Einkünfte geeignet sind, ob sie gleich ne-
benher, wiewohl mit Maaße, zur Vermehrung der Einkünfte des Staats benutzt werden können. Wenn nun in dem Deutschen
Reiche Einheit einer staatsrechtlichen Verfassung bestehen und dieser gemäß kein Theil
in irgend einem Stücke Rechte und Vorzüge, die nur dem Ganzen zukommen können, haben soll, so folgt auch, daß die
Verwaltung der Regalien in Deutschland
zum Vortheile der Deutschen Reichsunterthanen der höchsten Gewalt des Deutschen
Reichs gebühren müße.

In einem Reiche, das Eins seyn soll,
müßten von Rechtswegen alle Bewohner
desselben zu einem gleichen Genuße aller der

Rechte und Gegenstände, die kein ausschließendes Eigenthum Einzelner seyn können,
berechtiget seyn.   Im Deutschen Reiche ist
es nicht so.   Nicht in jeder Deutschen Provinz sind dieselben Gattungen und Arten
von Regalien anzutreffen; viele entbehren
der Vortheile, die aus der Benutzung der
Waldungen, schiffbarer Ströme und Flüsse und aus Berg- und Salzwerken erwachsen, weil sie mit dergleichen Quellen von
Einkünften entweder gar nicht, oder nur
sehr dürftig versehen sind; und noch wenige Territorien sind im Deutschen Reiche,
wo zur Bequemlichkeit der Reisenden und
des Fuhrwesens für gute Landstraßen gesorgt
worden wäre.   Diejenigen Provinzen, für
welche die Natur zur Bestreitung der Nothwendigkeiten ihrer Einwohner auf allen Wegen, die zu Reichthum, Wohlstand und
Bequemlichkeit führen, reichlich gesorgt hat,
betrachten die Bewohner ihrer von der Natur nur kärglich und stiefmütterlich begab-
ten benachbarten und entferntern Deutschen
Länder, als Fremde, die mit ihnen gar
nicht zu einem und demselben Staatssyste-

me gehören, und erlauben sich, dieselben
von den ihnen verliehenen Gaben der Natur entweder ganz auszuschließen, oder sie
nur einen für sie sehr kostbaren Antheil daran nehmen zu lassen, und den Drang ihrer Bedürfnisse, die sie nur aus ihrer Hand
stillen können, zur Bereicherung ihrer Kassen zu mißbrauchen. Laßt uns, um unsre
Vorstellungen von diesen Gebrechen der
Deutschen Reichsverfassung aus der Unbe-
stimmtheit allgemeiner Betrachtungen mehr
zur Deutlichkeit zu bringen, die einzelnen
Gattungen der Regalien und ihres Gebrauchs
in Deutschland in etwas nähere und besondere Erwägung ziehen. Indem wir hierbey der bekannten und ganz richtigen Ordnung folgen, nach welcher sie überhaupt in
Straßen - Wasser - Wald - und Bergre-
galien eingetheilt werden, trennen wir sie
überhaupt, unserer Absicht gemäß, in zwey
Klassen. Die Regalien betreffen nämlich
entweder Dinge, die einen unmittelbaren
Genuß und Gebrauch gewähren; zu diesen
gehören die Fischerey und andere natürliche
Erzeugnisse in Gewässern; die Wälder und

Forste, die Metalle und andere unter der
Erde befindliche Mineralien; oder sie be;
treffen Dinge und Rechte, die blos Mittel
zur Beförderung der Bequemlichkeit und
Erleichterung der öffentlichen und Privat;
angelegenheiten und der Geschäfte des ge;
meinen Lebens sind; zu welchen die öffent;
lichen Landstraßen und Brücken, das Ge;
leit, die Posten, das Fuhr ; und Boten;
wesen; die Häfen, Flüsse, Kanäle und
Schleußen, Fähren, Flöße und Mühlen
und das Münzwesen gerechnet werden. Hier
kann nur von den Regalien der ersten Klas;
se die Rede seyn; die der zweiten werden ihre
erste Stelle in dem dritten Abschnitte finden.

Unter der Fischerey wird hier blos
die in Meeren, Landseeen, Strömen und
Flüssen verstanden, und die Fischerey in
Teichen und Bächen davon ausgeschlossen;
weil letztere nur von einem geringen Um;
fange und von solcher Beschaffenheit sind,
daß sie ein Eigenthum einer Privatperson
werden können. Man nennet die Fischerey
der letztern Art die zahme, die der erstern

hingegen die wilde. Die Gegenstände
der wilden Fischerey sind See= und Flußge=
schöpfe aller Art, Fische, die frisch oder ge=
trocknet, eingesalzen und geräuchert ver=
speißt werden, oder sonst, z. B. durch ih=
ren Thran, ihre Ribben u. s. w. zum Ge=
brauch nützlich sind; Muscheln und Schalen=
fische, und andere zum Gewächs= und Mi=
neralreiche gehörige Dinge, als Ambra,
Perlen und Korallen, Bernstein u. dergl.

In einem Ackerbau, Manufakturen,
Fabriken und Handlung treibenden Staa=
te, wo die menschliche Natur jene der Ich=
tiophagen weit zurückgelassen hat, kann die
Fischerey kein ausschließendes Geschäft für
alle seyn. Man muß aber doch annehmen,
daß alle an den Gaben, die Meere, Seeen,
Ströme und Flüsse spenden, ihren gerech=
ten Antheil haben wollen. Nun würden
aber Einzelne, die sich dieser Lebensart vor=
züglich widmeten, die übrigen ihre Waa=
ren um so theurer bezahlen lassen, je ge=
ringer die Anzahl der Verkäufer wäre; oder
es würde unter diesen letztern selbst eine so
starke

starke Konkurrenz entstehen, daß andere
vielleicht noch nützlichere und einträglichere
Gewerbe durch den Abgang so vieler Arme
in Gefahr kämen, zu Grunde zu gehen. Es
ist also nothwendig, daß der Staat ins
Mittel trete, und sich dieser öffentlichen
Angelegenheit, wovon nicht Alle ihr an
derselben habendes Interesse wahrnehmen
können, an ihrer Statt unterziehe. Da
es aber aus den oben angeführten Gründen, nicht die Sache der höchsten Gewalt
seyn kann, die Fischerey selbst besorgen zu
lassen, so muß sie für die Verwaltung dieses Regals auf eine solche Art sorgen, die
nicht allein mit ihrer Würde, sondern auch
mit den gerechten Ansprüchen Aller bestehen
kann. Dieses geschieht, wenn sie zuvörderst die Unterthanen zur Fischerey aller Art
aufmuntert und unterstützt und nicht allein
eine größere Konkurrenz der Verkäufer zu
bewirken, sondern auch durch dieselbe und
den im Lande herrschenden Ueberfluß den auswärtigen Handel mit den Produkten der Fischerey zu befördern sucht; und nur erst dann
zu einschränkenden Mitteln schreitet, wenn

D

dieser Handelszweig zum Nachtheil der übrigen inländischen Bedürfnisse allzusehr über-
hand nimmt; welches indessen nicht leicht
zu befürchten ist, da die Bewerbung um einen Zweig des Handels durch die verminderte Hoffnung des Vortheils und Gewinns,
die der Ueberfluß einer Waare und die Mehrheit ihrer Verkäufer erzeugt, von selbst
nachläßt und sich mit den übrigen inländischen Handelszweigen wieder in das Gleichgewicht setzt.

Da die wilde Fischerey ein Nahrungs-
geschäft, und ihr Produkt ein solches ist,
dessen Genuß den Gliedern eines Staates
nicht erschweret werden darf, so kann auch
weder die Erlaubniß, Fischerey zu treiben,
noch der Verkauf der von ihr zu Markte
gebrachten Waaren unmittelbar mit Abgaben zum Behuf der Vermehrung der öffentlichen Einkünfte belegt werden. Dieses
pflegt nur erst dann zu geschehen, wenn mit
den Fischereiwaaren ein starker auswärtiger
Handel getrieben wird, oder die im Lande
eben so gut und in hinreichender Menge
vorhandenen Waaren auch von Fremden

eingeführet werden. In beiden Fällen
macht sie der Staat zu einer Quelle von
Einkünften; im erstern, weil es unbillig
zu seyn scheint, den Fremden, der das Be=
dürfniß unserer Waare fühlt, für die Ver=
günstigung, jenes Bedürfniß bey uns be=
friedigen zu dürfen, etwas unmittelbar,
oder durch die, die ihm die Waaren zufüh=
ren, entrichten zu lassen; im zweiten, weil
man es für unnöthig hält, ihm den Absatz
seiner Waare im Lande zu erschweren, um
die inländische gegen die seinige wohlfeilern
Kaufs zu machen, und dadurch im Lande
selbst diesen Handelszweig empor zu brin=
gen   Diese Maximen sind aber weder un=
veränderlich noch allgemein; auch wir be=
dürfen der Hülfe und Unterstützung anderer
Länder mit dem, was sie von dem Ih=
rigen entbehren können; auch sie wer=
den uns also die Bedürfnisse, die sie uns
entweder zuführen oder die wir von ih=
nen holen, theurer bezahlen lassen; und
wenn beide mit einander handelnde Staa=
ten, je einer um den andern, ihre Forderun=
gen immer höher spannen, so werden, in=

D 2

dem sich ihre Kassen anfänglich gut dabey
befinden, ihre Unterthanen und ihr Handel
unter diesem Wetteifer leiden; allmählig
werden auch ihre öffentlichen Einkünfte abnehmen, wenn man entweder das objektive
Bedürfniß ganz zu entbehren, oder das sub-
jektive immer mehr einzuschränken anfängt;
und sie werden sich beide ihre wechselseitige
alte Kundschaft verschlagen und dieselbe so
leicht nicht wieder durch eine neue eben so gute
zu ersetzen im Stande seyn. Wozu der Staat
selbst keinen Aufwand macht, davon kann
er auch keine Vergütung verlangen; und
nie sollte er auf in - oder ausländische, ein-
oder ausgehende Waaren Imposten und
Zölle legen, weil diese Dinge Einschränkungen in dem rechtlichen Gebrauche unsers Eigenthums und unserer rechtlichen Freiheit
machen, den Handel verderben, die Gemeinschaft der Völker unterbrechen, und
diese mißtrauisch und argwöhnisch gegen einander machen, und weil eigentlich der Staat
für weiter nichts als die innere und äußere
Sicherheit unserer Rechte und unsers Eigenthums und die Beförderung eines nützli-

chen Gebrauchs desselben zu sorgen hat, und
zur Bestreitung seiner Ausgaben dafür kei=
ner andern Quelle als der unmittelbaren
Beiträge, aus dem Vermögen seiner Ein=
wohner bedarf, die auch jederzeit die sicher=
ste und natürlichste ist. Hat der Staat
Aufwand zur Bequemlichkeit und Erleichte=
rung des Handels gemacht, so kann er
sich von denen, die dieser Bequemlichkeit
und Erleichterung genießen, eine verhält=
nißmäßige Abgabe entrichten lassen; aber
er ist nicht befugt, Taxen auf Waaren zu
legen, zu deren Verfertigung er gar nichts
beiträgt.

Worauf jeder Staat überhaupt in sei=
ner rechtlichen Verfassung keinen Anspruch
machen kann, das darf auch das Deutsche
Reich, in wiefern es den Charakter einer
solchen Verfassung behaupten will und soll=
te, nicht in Anspruch nehmen. Die höch=
ste Gewalt desselben dürfte also, in wiefern
ihr die Aufsicht und Verwaltung der Rega=
lien im Deutschen Reiche, und unter die=
sen das Regal der wilden Fischerey von

Rechtswegen gebührte, dasselbe nicht als
einen Gegenstand handhaben, um sich öffent:
liche Einkünfte davon zu verschaffen, und
müßte sich dabey lediglich auf die polizeiliche
Obsorge zur Verhütung der möglichen Miß:
bräuche einschränken. Wenn aber die Ter:
ritorialgewalten der besondern das Deut:
sche Reich konstituirenden Staaten das Recht
behaupten, diesen Zweig des Handels zur
Vermehrung ihrer öffentlichen Kassen benu:
tzen zu können, und es durch verstattete
Monopolien und Zölle würklich dazu benu:
tzen, so würde die höchste Gewalt des Deut:
schen Reichs hierzu noch mehr berechtiget
seyn, oder die subordinirten Gewalten wür:
den zu dergleichen Erhebungen nur durch die
Verwilligung jener autorisirt werden kön:
nen; da das, was nach der Voraussetzung,
nur ein Vorrecht der höchsten Gewalt eines
Staates ist, nicht zu gleicher Zeit auch ein
Vorrecht der derselben subordinirten und
von ihr abhängigen Gewalten seyn kann.
Alle die wilde Fischerey in den an Deutsch:
lands Ufer gränzenden Meeren und in den
innerhalb des Deutschen Reichs liegenden

Landseen, Strömen und Flüssen betreffen=
de Reglements, Verordnungen und Ver=
willigungen, würden also, diesen richtigen
Grundsätzen zufolge, auch von den Am=
phiktionen des Deutschen Reichs ausschließ=
lich gegeben, das Regal dieser Art von den
Vorstehern der besondern Deutschen Terri=
torien nur im Namen und unter Autorität
derselben verwaltet und ihnen davon Rech=
nung abgelegt werden müssen. Welchem
Bürger des Reichs, er möchte nun an der
Nord = und Ostsee, oder an der Elbe, dem
Rheine und der Donau, oder an keinem
von diesen Meeren und Flüssen wohnen, die
Erlaubniß dazu ertheilt wäre, müßte so gut
auf den Wallfischfang, die Heringsfische=
rey, den Salm = und Lachsfang gehen
können, als der Hamburger, Lübecker,
Rhein = und Donauländer; und mehrere
an der Nord = und Ostsee gelegene Deutsche
Gegenden und Oerter und auch das übrige
Deutschland nach dem Verhältnisse seiner
Entfernung von diesen beiden Meeren, wür=
den sich bey dieser Einrichtung besser als ge=
genwärtig stehen, wo eigentlich die ganze

große Meerfischerey das Monopol nur eini=
ger wenigen Handelsstädte ist.

Auch die Waldregalien, die in
das Forst = und Jagdregal getheilet
werden, sind nicht in sofern Regalien, in
wiefern sie die höchste Gewalt des Staates
als Mittel, sich zur Bestreitung des öffent=
lichen Aufwandes Einkünfte zu verschaffen,
zu benutzen berechtigt wäre, sondern nur
in sofern, als ihr das Recht zusteht, die
innerhalb des Staatsterritorii befindlichen
Wälder und Gehölze, und die im Stande
der Wildheit lebenden Thiere zum Gebrauch
und Genuß der Einwohner forst= und jagd=
gerecht zu verwalten. Schon der Begriff
des Wildes überhaupt bringt es mit sich,
daß es nicht ein Eigenthum Einzelner, so
wie zahme Heerden und Hausthiere, seyn
kann. Was in der Wildheit lebt, ist frey
und wird nicht besessen. Nur durch Ein=
fangen oder Tödten kann es ein Eigenthum
eines Einzelnen werden. Aber im Staate
hat kein Einzelner hierzu das Recht; alle
Staatsbürger haben es nur gemeinschaftlich.

Da aber, wenn Alle sich dieses Rechts zu
gleicher Zeit ohne Einschränkung bedienen
wollten, der nutzbare Wildstand des Staates, der einen Theil der Nahrung, der
Kleidung und anderer Nothwendigkeiten
ausmacht und abwirft, bald ganz vernichtet
werden, und der Bürger, indem er der
Jagd obläge, sich von nützlichen Geschäften
entfernen, oder, wenn sich alle der Jagd
ganz enthielten, der Wildstand sich zum
Schaden der Feldeigenthümer zu sehr vermehren würde; so ist mit gutem Grunde
der höchsten Gewalt das Recht überlassen,
das Jagdwesen im Lande anzuordnen und
es zum Nutzen des gemeinen Wesens durch
besondere der Jägerey kundige Personen re-
gelmäßig verwalten zu lassen. Was es
auch mit der jetzt bestehenden Jagdgerechtigkeit für eine Beschaffenheit haben mag,
so ist doch gewiß, daß nach den ursprünglichen Vorstellungen und Zwecken des Jagdregals, die, so empirisch auch der Gegenstand des letztern ist, die darüber reflekti-
rende Vernunft selbst an die Hand giebt,
die Jagdgerechtigkeit eines in einen Staat

vereinigten Volkes unveräußerlich seyn, und
daß, wenn sie auch das gesammte Volk
nicht selbst ausüben wollte und könnte, die
der höchsten Gewalt im Staate übertragene
Ausübung derselben, doch zu seinem Vortheil geschehen mußte; daß also kein Einzelner, die Jagd in einem Reviere oder
Bezirke zu seinem eigenen Vortheil zu treiben, berechtigt werden durfte, und daß
folglich sich auch nicht behaupten läßt, daß
die Jagdgerechtigkeit lediglich dem Regenten zu seinem besondern Nutzen gebühre,
und von demselben nach Willkühr und Gefallen von ihm ausgeübt oder auch zum Nutzen einzelner Privatpersonen oder Gemein-
den verliehen, verschenkt oder verkauft werden könne.

Dieselbe Bewandtniß hat es auch mit
dem Forstregal; auch dieses ist an die
Regel der gemeinschaftlichen Theilnahme
an der forstökonomischen Benutzung der
Waldungen, die aus dem Begriffe des gemeinschaftlichen Eigenthums fließt, gebunden. Die Wälder und ihre Forste und besten Reviere sind ihrem ursprünglichen Zwecke

zufolge, nicht dazu da, um den Ertrag der=
selben in öffentliche Fonds oder in Kassen,
zu Befriedigung der Staatsbedürfnisse, zu
verwandeln; sie sind auch kein Privateigen=
thum des Regenten, der sie willkührlich
veräußern oder sonst nach Gefallen über sie,
und ihren Ertrag schalten und walten könn=
te; sondern sie müssen hauptsächlich zum
Nutzen des gemeinen Wesens verwaltet und
verwendet werden.

Hieraus ergiebt sich: daß an Wildpret,
so wie an Holz, so viel, als jährlich in den
Wäldern nachwächst, unter die Staatsbür=
ger zu einem Preise verkauft werden müßte,
der mit dem jährlichen Kostenaufwande für
die Jaad= und Waldverwaltung in gerech=
tem Verhältnisse steht. Was an Wildpret,
Nutz= und Brennholz über das Bedürfniß
im Lande vorräthig bleibt, kann ein Ge=
genstand des freien Handels werden, und
der Ertrag davon zur Bestreitung der öf=
fentlichen Ausgaben in die Staatskassa
fallen.

Wenn man das Deutsche Reich unter
den Gesichtspunkt einer rechtlichen Verfaß

fang ſtellt, ſo müßte das Forſt- und Jagdregal auch der höchſten Gewalt oder dem
Regenten deſſelben, mit Ausſchluß aller
einzelnen ſubordinirten Mächte, die ein
Ausfluß aus jener ſind, zukommen. Alle
Bürger Deutſchlands müßten ſo unbeſchwert als möglich der Vortheile, die die
Gegenſtände dieſer zwey Regalien gewähren, theilhaft werden können; jede Deutſche Provinz der andern, in Zeiten des
Mangels, mit ihren erübrigten Vorräthen
zu Hülfe kommen, und keine der höchſten
Gewalt des Deutſchen Reichs unmittelbar
oder mittelbar untergeordnete Perſon dürfte
mit derſelben in Anſehung dieſer Hoheits-
rechte konkurriren, und die billigen Einkünfte aus den jährlichen gemeinſchaftlichen
Erſparniſſen, müßten von Rechtswegen dem
Reichswirthſchaftlichen Kollegio berechnet,
und in die Kaſſen deſſelben überliefert werden. Wie ſehr das Forſt- und Jagdweſen
in manchen Deutſchen Reichsländern von
der unmittelbaren Aufſicht der höchſten Gewalt des Deutſchen Reichs, auch abgeſe-
hen von den Vortheilen, die ſie abwerfen,

abhängig zu seyn verdiente, läßt sich aus
den von ihnen bekannt gewordenen Miß=
bräuchen dieser Regalien abnehmen. Es
möchte noch hingehen, daß der größte Theil
des Wildprets blos für die Tafeln der Für=
sten bestimmt, und den Unterthanen nur
selten eine ganz unbedeutende Quantität zu
Theil wird, da sich dieses Nahrungsmittel,
obwohl es wegen seiner Wohlfeilheit in Ver=
hältniß mit dem Preise der übrigen Fleisch=
arten, und weil es in die ewige Einerlei=
heit der gewöhnlichen Fleischspeisen eine an=
genehme Abwechselung bringt, sehr ge=
wünscht wird, noch immer entbehren läßt;
aber daß man blos aus einem unmäßigen
Hange zur Jagdlust den Wildstand unge=
bührlich vermehrt, die Unterthanen mit
Jagdfrohnen zum Nachtheil ihrer Wirth=
schaft belästiget, die Gärten und Saatfel=
der des Landmanns dem Wilde preis giebt;
daß man die Waldungen hauptsächlich als
eine Quelle zur Vermehrung der Landes=
herrlichen Einkünfte betrachtet und behan=
delt oder übel bewirthschaftet, das geschla=
gene Holz an Aufkäufer zum Wucher über=

läßt, oder ohne Rückſicht auf den jährlichen
Bedarf der Unterthanen ins Ausland ver-
ſendet, und durch dieſes ganze zweckwidrige
Verfahren Theurung eines der erſten Bedürfniſſe veranlaßt u. ſ. w., das alles läßt
ſich auf keine Weiſe entſchuldigen, und
möchte wol vor allen Dingen diejenigen
Stände, die ſich dergleichen zu Schulden
kommen laſſen, zu einer Abhängigkeit von
einer höhern Aufſicht qualificiren; hiernächſt
aber überhaupt die Nothwendigkeit einer
vollkommenen, den Grundſätzen des allgemeinen Staatsrechts angemeſſenen Verfaſſung in Anſehung der Subordination Aller
unter ein gemeinſchaftliches höchſtes Oberhaupt, fühlbar machen.

Das Bergwerksregal begreift in
ſeiner weiten Bedeutung das Recht der höchſten Staatsgewalt, die Erzeugniſſe der Natur im Innern der Erde zum Nutzen des
gemeinen Weſens zu heben und brauchbar
zu machen, in ſich. Es umfaßt alle feſten
und flüſſigen Körper, die Gegenſtände der
Mineralogie und Metallurgie ſind. Im
Umfange ſeines Horizonts liegen alſo alle

nußbare nicht gemeine Erd⸗ und Stein⸗
arten und Salze, brennbare, feste und
flüssige Körper, Metalle und Halbmetalle,
mineralische Wasser und andere Flüssigkei⸗
ten. Man pflegt insgemein das Salz von
den übrigen Gegenständen des Bergwerks⸗
regals überhaupt abzusondern, und es zu
einem Gegenstande eines besondern Regals
zu machen, woraus denn der allgemeine
Begriff des Bergwerksregals in zwey Klas⸗
sen zerfällt, welcher Eintheilung wir aber
hier nicht zu folgen brauchen, weil alles,
was wir an diesem Orte über das Berg⸗
regal im engern Sinne zu sagen haben,
auch von dem Salzregale gilt.

Da alle unterirdische Güter der Natur
zu dem allgemeinen Eigenthume des Staats,
unter dessen Territorio sie sich befinden, ge⸗
hören; so ist kein Zweifel, daß auch sie
hauptsächlich zum Nutzen des gemeinen We⸗
sens angewendet werden müssen. Die Ma⸗
terialien, so wie sie in ihrem rohen Zustan⸗
de im Schooße der Erde befindlich sind, ge⸗
hören im Grunde Allen, die die Oberfläche
des Erddistrikts, unter dem sie sich befin⸗

den, bewohnen. Da aber von diesen Ma
terialien diejenigen, welche in ihrer natür
lichen Beschaffenheit und Gestalt sogleich
brauchbar sind, wenigstens zu Tage gebracht
werden müssen; z. B. Zinnober, Galmei,
Steinkohlen 2c., andere allererst durch An
stalten und Zubereitung, z. B. durch Schei
den, Sieden, Schmelzen u. s. w. zur wei
tern Verarbeitung und zum Gebrauch ge
schickt gemacht werden müssen, so erhalten
sie für das Publikum, durch die auf ihre
Gewinnung und Zubereitung verwendete
Arbeit, einen dieser Arbeit und dem dabey
gemachten Aufwande angemessenen Preis,
der von denen, die dieser Arten von Er
zeugnissen bedürfen, jenen, die die Kosten
und die Arbeit darauf verwendet haben,
bezahlt werden muß. Es mag nun also
die höchste Gewalt im Staate das Berg
werksregal selbst verwalten, oder der Berg
bau mag sich in den Händen von Privat
personen befinden, so sieht man leicht ein,
daß, wenn der Nutzen davon auf den Staat
zurückfallen soll, der Preis der Ausbeute,
eigentlich nicht höher, als das Quantum
der

der Anstalten, Zubereitungen und Arbeit
beträgt, steigen dürfe. Dieses geschieht
aber, wenn der Regent, im Fall er den
Bergbau für eigene Rechnung betreiben
läßt, den durch seine Auslagen bestimm=
ten Preis der Waaren, willkührlich zu sei=
nem eigenen Vortheil erhöhet, oder sich
von den Gewerkschaften den Zehnten von
allen gewonnenen Metallen und Halbmetal=
len, so wie von andern aus den Minera=
lien entstehenden Waaren und Produkten
bezahlen läßt; wenn er von ihnen sogenann=
te Quartalgelder erhebt, und sich den Ver=
kauf um einen geringern als den durch den
Aufwand bestimmten Preis vorbehält.

Die beträchtlichen Einkünfte, die da=
durch in Deutschland aus dem Bergregal
entstehen, fallen sämtlich den Inhabern der
Territorialhoheiten anheim, und die höch=
ste Gewalt des Deutschen Reichs fällt da=
bey ganz leer aus. So ausgemacht es aber
ist, daß das Bergwerksregal in Deutsch=
land, wie in jedem Staate, der höchsten
Gewalt ausschließlich zustehen sollte, um es

E

dem gemeinen Wesen zum Besten zu ver=
walten, so gewiß ist es auch, daß dieses
Recht mit den davon bezogenen Vortheilen
und Einkünften in ältern Zeiten dem Kai=
ser und Reiche zugehöret habe, aber all=
mählig durch Veräußerungen der Kaiser
und durch eigene Anmaßungen in die Gewalt
der Reichsstände gekommen und im West=
phälischen Frieden ihnen bestätiget worden
ist. Freilich sollte, nach den angeführten
allgemein staatsrechtlichen Gründen, auch
die höchste Gewalt des Deutschen Reichs,
im Falle sie noch jetzt diese Art des Regals
verwaltete, dasselbe nicht zu einer Quelle
von Einkünften machen, sondern lediglich
dafür sorgen, daß die Bürger des Reichs,
in wiefern sie an den Produkten des Berg=
baues, nach Erforderniß ihrer Bedürfnisse,
durch unmittelbaren Gebrauch oder mittel=
bar durch Handel, Theil nehmen wollen
und können, nicht durch Preise, die die
Kosten des Bergbaues übersteigen, belästi=
get würden. Wenn aber doch einmal, wie
es denn auch durchgehends der Fall ist,
Berg= und Salzwerke Einkünfte für den

Regenten abwerfen sollen, so würden diese
einzig und allein der höchsten Gewalt im
Deutschen Reiche von Rechtswegen gebüh‐
ren, aber doch dergestalt, daß sie dabey das
Recht nicht hätte, mit diesen Regalien blos
nach ihrer Willkühr zu schalten und solche zu
veräußern; weil sie nicht ihr persönliches
Eigenthum, sondern ein Eigenthum des
ganzen Staats sind.

Zweiter Abschnitt.

Von der Staatswirthschaftlichen Verfaßung des Deutschen Reichs in Ansehung der öffentlichen Auflagen.

Da das Deutsche Reich weder Domänen noch Regalien besitzt, so muß alles, was dasselbe bedarf, aus den Mitteln der Reichsglieder angeschafft werden. Ueber den Grund der Verpflichtung zu den zum Behuf des Deutschen Reichsverbands nothwendig erforderlichen gemeinschaftlichen Beiträgen brauchen wir uns nicht weitläuftig zu verbreiten, da er aus dem Begriffe des Staats überhaupt und der Nothwendigkeit seiner Gewalten selbst hervorgeht. Es giebt aber noch andere Rücksichten, in welchen die Reichsauflagen zu betrachten sind. Sie können nemlich zur Erörterung ihrer rechtlichen und zweckmäßigen Beschaffenheit bezogen werden: 1) auf die durch sie zu bestreitenden Bedürfnisse; 2) auf das Recht

herer, die sie verwilligen; 3.) auf die Art
ihrer Vertheilung unter die Contributions
pflichtigen, und 4) auf die Art ihrer Einhebung, Verwendung und Verwaltung.
Auf diese vier Beziehungen soll in gegenwärtiger Betrachtung und Prüfung der
Reichsauflagen, so wie es die Beschaffenheit der Sache verstattet, Rücksicht genommen werden.

Da Menschen und Völker in eine rechtliche Verfassung zu treten moralisch verpflichtet sind, die Pflicht aber nicht an die
Bestimmungen der Zeit gebunden ist, so
sind auch staats und völkerrechtliche Verfassungen als unvergänglich zu betrachten.
Dieselbe rechtliche Verfassung bedarf auch
immer derselben Mittel zu ihrer Erhaltung
und Fortsetzung. Diese Mittel heißen Bedürfnisse; in einer staats und völkerrechtlichen Verfassung kann es also, so wie immerwährende und nothwendige Bedürfnisse;
auch nur beständige und nothwendige Abgaben geben; denn eben die Rechtlichkeit der Verfassung des Zustandes der
Menschen in einem Bürger und Völker

staate, hebt alle zufälligen Bedürfnisse auß,
die nur etwa durch einen Bruch des Völ-
kerfriedens veranlaßt werden könnten, gegen welchen doch aber auch der Völkerstaat
in alle Wege vorbereitet, mithin dem Zufalle von dieser Seite aller mögliche und in
Verlegenheit setzende Einfluß abgeschnitten
seyn müßte. Im Grunde dürfte es also
in einem wohl eingerichteten rechtlichen
Staate und Völkerstaate keine außerordentlichen zufälligen, temporellen Abgaben geben, und jede Unzureichlichkeit des ganzen
Quantums der Staatsabgaben, jede Vergrößerung der Summe der Staatsausgaben durch erhöhete Besoldungen ꝛc. die nur
von dem Werthe des Geldes, dem erhöh-
ten Preise der Erhaltungsmittel, des Arbeitslohns u. s. w. herrühren können, bedürfen keiner außerordentlichen, sondern
nur einer verhältnißmäßigen Erhöhung der
ordentlichen und beständigen Auflagen.

Ohne eine republikanische Verfassung
sind die Staatsbedürfnisse nicht fixirt, nie
positiv bestimmt, und immer veränderlich;

daher denn auch die Auflagen zur Bestreiztung derselben steten Veränderungen, die der Zufall herbeiführt, unterworfen sind. Jeder Krieg, in welchen Deutschland durch seine gegenwärtige Verfassung verflochten wird, bringt das Finanzwesen seiner besonzdern Staaten in Unordnung, und nöthizget die Regenten derselben zu außerordentzlichen Auflagen, deren eine sich immer auf die andere setzt, so, daß ganze Jahrhunzderte am Ende nicht hinreichen, eine nach der andern wieder abzunehmen und die Summe der Abgaben auf den ursprünglizchen Zustand zurückzuführen. Außerordentzliche Auflagen zu machen, wenn die Noth dazu treibt, wendet, wegen der Langsamzsamkeit, mit der sie eingehen, selten die Gefahr ab, die vor der Thüre steht, und letztere ist oft schon da, ehe die Vorkehrunzgen dagegen, weil die Mittel dazu ermanzgeln, getroffen werden können; ohne den Verlust in Anschlag zu bringen, der aus dem Aufnehmen großer Kapitalien entzspringt, zu welchem man, bey dem Manzgel vorräthiger hinlänglicher Mittel in den

öffentlichen Kaſſen, ſeine Zuflucht zu neh=
men genöthiget iſt.

Da in der Deutſchen Reichsverfaſſung
für die erſten und weſentlichen Bedürfniſſe,
das zur Unterhaltung des Reichskammer=
gerichts etwa noch ausgenommen, zum
Voraus gar nicht geſorgt iſt, ſo ſieht man
ſich in Zeiten der Noth gezwungen, auſſer=
ordentliche Auflagen zu machen, die aber
um ſo ſäumiger, ſpärlicher und unvollſtän=
diger eingehen, je geringer die Zahl der
Reichsſtände, die an dieſem Nothſtande
Theil nehmen, und der Grad der Theil=
nehmung bey den übrigen iſt, die ſich für
die Sache jener um ſo weniger intereſſiren
zu brauchen glauben, als ſie von der Ge=
fahr entfernt ſind, und zur Entſtehung der=
ſelben gar nichts beigetragen haben.

Wenn das Deutſche Reich eine republi=
kaniſche oder repräſentative Verfaſſung hät=
te, ſo würde die Organiſation deſſelben ſo
beſchaffen ſeyn müſſen: 1) würden die Deut=
ſchen Völkerſchaften aus ihrem Mittel ei=
nen geſetzgebenden Areopag, der in ſeinen

Gliedern jene repräsentirte, ernennen; al=
le besondere gesetzgebende Gewalt in den
einzelnen Provinzen des Reichs würde mit
demselben sogleich aufhören, und sich in ei=
ne bloße Kommission verwandeln, die über
das, was in ihrer Provinz einer gesetzli=
chen Anordnung und Veränderung bedürfte,
dem allgemeinen gesetzgebenden Körper zu
diesem Ende Anzeige zu machen, die Ein=
nahme der Reichssteuern in ihrer Provinz zu
besorgen, die in derselben zu machenden Aus=
gaben davon zu bestreiten, das Uebrige an den
gesetzgebenden Körper einzuliefern und dem=
selben über alles Rechnung abzulegen hätte.
Diesem Areopag zur Seite stände das von
den Deutschen Völkerschaften durch ihre Ab=
geordneten aus den Deutschen Regenten ge=
wählte höchste Reichsoberhaupt mit seinen
Ministern, als Inhaber der höchsten voll=
ziehenden Gewalt, von welchem die Ober=
häupter aller besondern Staaten abhängig
wären, so wie 3) ein höchstes Reichsge=
richt, von dem alle Obergerichte in den
besondern Staaten als untergeordnete In=
stanzen zu betrachten seyn würden. End=

Uch 4) Eine von dem höchsten Reichsober=
haupte allein abhängige Macht, um den
von dem gesetzgebenden Areopag gegebenen
gesetzlichen Bestimmungen und den oberst=
richterlichen Aussprüchen Gehorsam, so wie
dem ganzen Reiche Sicherheit von außen zu
verschaffen. Der ganze Staatsaufwand
würde bey einer solchen Verfassung sich auf
folgende acht Hauptklassen zurückführen las=
sen: 1) die Besoldung des gesetzgebenden
Körpers, und des von ihm abhängigen Per=
sonals; 2) der Provinzial=Gesetzkommissio=
nen und des zu ihnen gehörigen Dienerper=
sonals; 3) der standesmäßige Unterhalt
des höchsten Reichsoberhaupts (des Kai=
sers); die Besoldungen der Minister des=
selben und der zu ihren Finanz=Justiz=Po=
lizei=und Kriegs=Departements gehörigen
Dienerschaft; 5) die Verpflegung des höch=
sten reichsgerichtlichen Personals, seiner
Subalternen und Diener; 6) der standes=
mäßige Unterhalt der Deutschen Landesre=
genten; 7) die Besoldung der Provinzial=
Finanz=Justiz=Polizei=und Kriegs=Mini=
sterialdepartements, und der ihnen unter=

geordneten Instanzen; 8) die Besoldun=
gen der Generale, Officiere; Unterhalt und
Verpflegung der Truppen; Festungsbau und
der ganze Kriegsapparat. Durch ein ge=
naues Detail aller dieser Punkte, kann der
Deutsche Staatsaufwand und das zu Be=
streitung desselben aus dem Vermögen der
Reichsbürger zu erhebende Bedürfniß so be=
stimmt angegeben werden, daß sich keine
Fälle ereignen können, für welche nicht
zum Voraus für immer und allenthalben
gesorgt wäre. Betrachtet man hingegen
die Verfassung des Reichs nach ihrer gegen=
wärtigen Beschaffenheit, so findet sich nir=
gends eine feste, fortdauernde Einrichtung
eines Abgabesystems, auf welches ein soli=
der öffentlicher und allgemeiner Sicherheits=
zustand gegründet werden könnte. Es ist
sonderbar! man will, daß das Deutsche
Reich Einen in einer gesetzlichen Verbin=
dung stehenden Staat ausmache, und gleich=
wohl will man die Mittel nicht, durch wel=
che diese Einheit und Gesetzmäßigkeit der
Verbindung hergestellet und erhalten wer=
den kann. Es mag hingehen, daß die Ei=

ſandten am Reichstage von denen, die ſie
ſenden, ſelbſt beſoldet werden; aber ſie repräſentiren die geſetzgebende Gewalt der einzelnen Völkerſchaften nicht unmittelbar, ſondern nur die mit der ausführenden Gewalt
in der Perſon ihrer Fürſten und Reichsſtände verknüpfte geſetzgebende Gewalt d i e ſ e r.
Die Inhaber der ausführenden Gewalt können ſich aber nur in d i e ſ e r und ſonſt in
keiner Eigenſchaft repräſentiren laſſen.

Für den Unterhalt des Reichskammergerichts hat zwar das Reich durch eine b e -
ſt ä n d i g e Steuer, welche auch die einzige
in ihrer Art iſt, aber doch auch bey weitem
nicht hinlänglich und zweckmäßig geſorgt.
In einem Reiche, wie das Deutſche, wo
die mancherley ſich durchkreuzenden Verhältniſſe der Regenten unter einander und mit
ihren Unterthanen eine unverſiegbare Quelle von Prozeſſen ſind, die in letzter Inſtanz
an die Reichsgerichte gelangen, kann es
nicht fehlen, daß immer mehrere Tauſende
derſelben vor dem Reichskammergerichte allein anhängig ſind. Dieſe Laſt erfordert
eine Anzahl von gerichtlichen Perſonen, die

derselben dergestalt gewachsen sind, daß die
einlaufenden Rechtssachen in wenigstens 3
bis 4 Jahren vollendet werden können,
folglich auch einen Fond, aus welchem
dieselben einen ihrem Stande angemessenen
Unterhalt ziehen können. Der Westphälische Friede setzte die Anzahl der Assessoren
auf 50. Aber diese gesetzliche Verordnung
ist nie zur Ausführung gediehen; und obgleich gegenwärtig, vermöge eines Reichs-
schlusses von 1719, nur 25 Beisitzer vorhanden sind, so ist doch in der Reichskasse
von eingehenden Kammerzielern nie so viel
vorräthig, daß neben dem Kammerrichter
und den beiden Präsidenten, mehr als 17
Beisitzer besoldet werden könnten; 8 von
ihnen gehen immer leer und unbesoldet aus;
ja diese Kasse ist oft kurz vor der Zeit der
Besoldungsvertheilung so übel beschaffen,
daß kaum ein Drittel des Erforderlichen ein-
gegangen ist, und also diejenigen, die Besoldungen zu erheben haben, sich oft lange
nach der Verfallszeit mit der gänzlichen Erhebung ihrer Besoldungen gedulden müssen. Die Kammergerichts-Canzleiperso-

nen haben keinen Antheil an der Reichskaſ
ſe, und ſind mit ihren ſehr geringen Bei
ſoldungen an die Sportelkaſſe gewieſen.
Dieſe erſtrecken ſich aber, nach dem Urtheil
le eines Mannes, der von dieſen Dingen
Kenntniß hatte, *) gerade ſo weit, daß
ein Hausvater mit ſeiner Familie ſich ge=
gen den Hunger ſchützen kann; aber ſich zu
kleiden, oder nur ſeine Blöße mit einem
Hemde zu bedecken, ſo weit reichen ſie nicht.
Ein Sekretär oder Notarius, der verheira=
thet iſt, muß noch dazu bey 284 Rthlr. des
Abends faſten, wenn ihm ſein eignes Vermö=
gen nicht den Tiſch deckt. An Höfen, fährt
dieſer Schriftſteller fort, hat ein Anfänger,
dieſer nur halb beſoldet wird, doch noch Hoff=
nung, in der Zukunft zu einer fettern
Pfründe zu gelangen; aber bey der Kanz=
ley laſſet den Sekretär Protonotarius wer=
den und endlich zur höchſten Stufe, zum
Kanzleiverwalter, aufſteigen, ſo hat er noch

---

*) Fr. v. Zwierlein, in ſeinen ver=
    miſchten Briefen und Abhandlungen.
    S. 328.

immer nicht so viel, als die tägliche Leis
bes-Nahrung und Nothdurft ers
fordert. Vorbesagter Kanzleiverwalter, an
welchem, wie Braunschweig=Zelle bey den
Westphälischen Friedensunterhandlungen vo=
tirte, viel gelegen, weil er in ef-
fectu Kanzler ist, hat 640 Rthlr. Be=
soldung, von der kaum ein Praktikant le=
ben kann. Gebt dem Manne Frau und
Kinder, so opfert er sein Vermögen auf,
wie es den meisten bisher begegnet ist. Von
den Kopisten und gehenden Kammerboten,
die beiderseits keinen Sold haben, mag ich
gar nicht reden. Gekleidet wie der Mond
im abnehmenden Lichte, vom Hunger bis
auf die Beine abgenagt, spuken diese elen=
den Skelette herum, in der Gestalt ägypti=
scher Mumien, und ihr bloßes Ansehn for=
dert Almosen! u. s. w.

Bey einer ordentlichen Einrichtung
müßten die Sporteln gänzlich wegfallen,
und alle zum Kammergerichte gehörigen sub=
alternen Personen aus einer und derselben
Kasse mit dem Kammerrichter, den Präsiden=
ten und Beisitzern besoldet werden. Zwie=

lein hat in der zuvor angeführten Schrift
einen Entwurf hierzu gemacht, und die
ganze Summe des Aufwandes beläuft sich
auf 112,746 Rthlr. wobey aber die auf=
serordentlichen Ausgaben nicht mit in An=
schlag gebracht und auch verschiedene Subal=
terne, von den Notarien an, noch immer
zu kärglich versorgt sind. Ich setze deswe=
gen eine runde Summe von 150000 Rthlr.
mit welcher alle Bedürfnisse, die das Reichs=
kammergericht in seinem ganzen Umfange
erfodert, hinreichend und anständig für das
Reich bestritten werden könnten; ob aber zu
dieser Erhöhung der Kammerzieler Hoffnung
sey? dieses ist bey der gegenwärtigen Ver=
fassung des Deutschen Reichs eine Frage,
die schwerlich befriedigend ausfallen dürfte,
da schon die gegenwärtigen Quoten der
Reichsstände aus mancherley Ursachen sehr
unrichtig eingehen. Aus dieser Unzureich=
lichkeit der Beiträge zur Besoldung einer
der Menge der Rechtshändel angemessenen
Anzahl von Beisitzern, entspringt der große
Nachtheil für die öffentliche Gerechtigkeits=
pflege selbst, daß eine Menge bis zum Endur=
theil

theil gediehener sowohl alter als neuer Pro¬
zesse unbeendiget bleibt. Der Herr Gehei¬
me Justizrath Pütter hat *) eine Tabelle
bekannt gemacht, in welcher alle vom 1sten
November 1753 bis zum letzten Oktober
1767, also in einem Zeitraume von 14
Jahren vor dem Reichskammergericht an¬
hängigen Prozesse, in welchen Urtheile er¬
folgt sind, aufgezeichnet stehen. Es ist der
Mühe werth, die Resultate der Betrach¬
tungen, die dieser gründliche und höchst ach¬
tungswürdige Staatsrechtslehrer darüber
angestellt hat, hier mitzutheilen. Aus
dieser Tabelle ergiebt sich, daß nach einer
aus diesen 14 Jahren gezogenen gemeinen
Zahl, jährlich höchstens 174 Urtheile vom
Kammergerichte zu erwarten sind, welche
aber nicht blos Endurtheile, sondern auch
solche, welche schon vorhergegangene End¬
urtheile voraussetzen, z. B. mandata de
exequendo, paritoriæ ad sententiam,

---

*) In seiner Abhandlung: von der Sol¬
licitatur am Kaiserlichen und
Reichs-Kammergericht. Göttin¬
gen 1768.

F

denegatoriæ revisionis u. dgl. ſodann
auch ſolche, welche nur als Beiurtheile an:
zuſehen ſind, als ordinationes und paritoriæ simplices, nach deren Abzuge
kaum 150 Endurtheile übrig bleiben.
Wenn man nun nach Maaßgabe jener Ta:
belle ziemlich genau 227 Prozeſſe rechnet,
die jährlich von neuem anhängig werden,
ſo bleiben von denſelben in jedem Jahre
wenigſtens 70 bis 80 unentſchieden zurück.
Wollte man auch die in der Tabelle verzeich: •
neten Urtheile für lauter Endurtheile an:
nehmen, ſo wären doch jährlich wenigſtens
52 Sachen, und in den 14 Jahren zu:
ſammen 745, oder, wenn man davon noch
die 14 Urtheile, die das K. G. während
dieſer 14 Jahre in einem einzigen Jahre
mehr, als neue Prozeſſe anhängig wurden,
fällte, abzieht, doch 731 unerledigte Pro:
zeſſe zurückgeblieben. Nun ſind zwar im
XVI. Jahrhunderte zu Zeiten 40 und mehr
Aſſeſſoren geweſen, die alſo weit mehr weg:
arbeiten können. Die meiſte Zeit ſind aber
noch weniger als 17 geweſen; und auf der
andern Seite ſind in vorigen Zeiten, ehe

die privilegia de non appellando so
häufig geworden, ungleich mehrere neue Sa:
chen, als jetzt, ans Kammergericht gekom:
men. Wenn man also auch von vorigen
Zeiten jährlich nur 50 unerledigt gebliebe:
ne Sachen annimmt; so würde dieses doch,
von 1495 an, da das Kammergericht er:
richtet worden, bis vor jenen 14 Jahren,
d. i. bis 1753, also in 258 Jahren 12900
annoch auf Entscheidung wartende alte Pro:
zesse betragen. Wenn aber, setzt Püt:
ter hinzu, gewissen Nachrichten zu trauen
ist, die bey den Westphälischen Friedensun:
terhandlungen vorgekommen, so sind schon
im Jahre 1620 über 50000 Sachen un:
entschieden beim Kammergerichte zurückge:
legt worden. Bey dieser ungeheuern Menge
von Prozessen ist die Hoffnung, ein Urtheil
beim Kammergerichte zu erlangen, gerade
wie bey einer Lotterie mit vielen Nieten
und der ungerechteste Besitzer kann darüber
seinen Besitz verewigen. Es ist daher nicht
allein keiner Parthey, die Prozesse beim Kam:
mergericht hat, zu verdenken, daß sie sich
Mühe giebt, in ihrer Sache ein Urtheil zu

F 2

erlangen, oder zu follicitiren, son:
dern es ist sogar ohne Sollicitation
gar kein Urtheil zu erwarten; denn oft hat:
te ein Referent alte nicht follicitirte Sachen
zum Spruche befördert, nach dessen Eröff:
nung sich aber fand, daß die Partheien sich
inzwischen verglichen hatten, oder daß ih:
nen, sonst veränderter Umstände wegen,
nicht mehr damit gedient wär. Um nun
nicht ferner dergleichen Zeit und Mühe ver:
geblich zu verlieren, die für andere be:
drängte Familien angewandt werden konn:
te, so verordneten selbst zwey Reichsgesetze,
daß Sachen, worin nicht follicitirt wird,
zurückgesetzt, und andere vorgezogen wer:
den sollten. Nun sind aber der Sollici:
tanten so viele — man rechnet sie Jahr
aus Jahr ein auf mehr als 1000 — daß
ihnen allen das Kammergericht, wegen der
geringen Anzahl seiner Assessoren und der
Menge der übrigen einlaufenden Sachen,
die auch expedirt werden müssen, unmöglich
helfen und höchstens nur Ein Sollicitant
unter Zehnen zu seinem Zwecke gelangen kann.
Es ist leicht zu erachten, daß da allerley

Kunstgriffe von den Partheien gebraucht
werden, um Interesse für sich und ihre Angelegenheit zu erwecken, und daß nicht immer das Dringende der Sache selbst oder
die bedrängten Umstände der Parthey und
überwiegende Gründe, hierbey den Aus-
schlag geben. Nicht zu gedenken, was für
Zeit, Mühe und Kosten die Partheien selbst
aufwenden müssen, um ein Endurtheil zu
erlangen, geht für die Gerechtigkeitspflege
selbst das größte Verdienst, schleunige
Hülfe für den Beeinträchtigten und Un-
terdrückten, und der ganze Zweck dieser Anstalt verloren; da mancher nun die ihm zu-
gefügte Ungerechtigkeit und die Folgen derselben lieber mit Geduld erträgt, als sich
den Unannehmlichkeiten eines Prozesses aussetzt, dessen Ende er nicht abzuwarten und
abzusehen im Stande ist.

So lange die Stände nicht Rath schaffen, die Zahl der Urtheilspersonen am Kammergerichte zu vermehren, wird auch dieser
Uebelstand im allgemeinen Justizwesen des
Deutschen Reichs kein Ende nehmen. —

Vor der Hand aber und bey den gegenwär=
tigen Verhältnissen der Reichsstände zum
Reiche und zu einander selbst, ist gar keine
Hoffnung hierzu vorhanden. Den mächti=
gern ist diese Anstalt und ihre Verfassung
gleichgültig, weil sie selbst Macht genug besi=
tzen, ihrer entbehren zu können und ihre Aus=
sprüche nicht fürchten zu dürfen; die min=
der mächtigen und kleinen Reichsstände mö=
gen dieses Gericht nicht, weil es seine Urthei=
le nur gegen sie durchzusetzen, aber nichts
für sie gegen Beeinträchtigungen der mäch=
tigern Stände zu thun vermag. Jene ach=
ten es nicht, und diese fürchten es. Da
nun die Vermehrung seiner Beisitzer und
die ganze Verbesserung seiner Verfassung
von den Verwilligungen der Reichsstände
selbst abhängt, so werden sie sich wohl hü=
ten, ein Mehreres für dasselbe zu verwilli=
gen, als sie bereits von vorigen Zeiten her zu
dessen Erhaltung beizutragen haben.

Das Resultat ist: das Deutsche Ge=
richtswesen wird nicht eher eine bessere und
respektablere Gestalt gewinnen können, bis

eine wahre republikanische Verfassung im
Deutschen Reiche eingeführt seyn wird; in
welcher der Grad der Güte des höchsten
Justizgerichts und die Verwilligungen zur
Verbesserung seiner Verfassung nicht mehr
von den Neigungen und Privatmeinungen
der einzelnen Regenten, sondern blos von
der einen und untheilbaren Gesetzgebung des
Reichs abhängt. Ist diese republikanische
Form einmal gegründet und im Gange, so
wird eine Menge rechtlicher Verhältnisse
und gegenseitiger Ansprüche unter den Re-
gentenfamilien von selbst wegfallen, dadurch aber eine reiche Quelle von Prozessen verstopft werden; die Gerechtigkeitspflege in den einzelnen Reichsterritorien
wird aus Furcht vor den Straferkenntnissen
des höchsten Reichsgerichts gewissenhaft verwaltet, mithin die Anzahl der durch Ap-
pellation an dasselbe gelangenden Prozesse
vermindert, der Geschäfte der Richter werden nach und nach immer weniger werden,
und da die Verminderung der Arbeiten eine größere Anzahl von Richtern, als anfänglich erforderlich sind, unnöthig macht;

so werden auch die Bedürfniſſe zum Unter=
halte derſelben ſich vermindern, und aus
manchem jetzt übermäßigen, alsdann ein=
geſchränkten Aufwande, leicht und ohne
weitere Unbequemlichkeit für die Bürger
und Unterthanen des Reichs beſtritten wer=
den können.

————

Obgleich im Deutſchen Reiche die Na=
tionen deſſelben in Anſehung der Geſetzge=
bung nicht repräſentirt werden; ſondern
dieſe durch diejenigen, in welchen die bei=
den Staatsgewalten vereiniget ſind, in
ihrem Namen ſelbſt verwaltet wird; ſo
muß doch jedes Volk zur Unterhaltung der
Geſandten am Reichstage beitragen, und
die Reichsſtände haben ſich ſelbſt durch ein
Konkluſum vom 19ten Jun. 1670, das
Recht gegeben, die nöthigen Legationsko=
ſten von ihren Unterthanen zu erheben. Die
Erhebung iſt aber nicht eigentlich als eine
Reichsſteuer anzuſehen, die unmittelbar an
das Reich in eine Kaſſe deſſelben geliefert
würde, ſondern ſie iſt ein Theil der Lan=
desſteuern, die die Unterthanen ihrem Lan=

desherrn entrichten, ohne eben zu wiſſen
und zu erfahren, zu welchem Zwecke ſie ver=
wendet werden. Die Vorſteher der allge=
meinen Geſetzgebung werden nicht unmit=
telbar vom Reiche, ſondern von denen, de=
ren Stelle ſie vertreten, beſoldet. Dieſe
Einrichtung, vermöge welcher die Unter=
thanen eines jeden Regenten, dieſem die
Beiträge unmittelbar ſelbſt in ſeine Kaſſe
liefern, und dieſer ſeinen Geſandten un=
mittelbar ſelbſt beſoldet, hat den Erfolg ge=
habt, daß von mehreren Reichsſtänden ein
Theil deſſen, was zum Behuf der Reichs=
geſandtſchaften beſtimmt iſt, nun zu ihrem
eigenen Vortheile verwendet werden kann.
Einige, die in den beiden höhern Reichs=
kollegien Stimmen haben, und ſonſt zur
Beſorgung ihrer Stimme in beiden, zwey,
auch wol mehrere Geſandten ſchickten, ſchi=
cken jetzt nur Einen für beide Kollegien;
mehrere Höfe treten auch zuſammen, und
beſolden gemeinſchaftlich nur Einen Geſand=
ten; oder Ein Geſandter bewirbt ſich um
die Stimmen mehrerer Höfe, wodurch er
im Stande iſt, nicht allein ſeine Einkünfte

zu vermehren, sondern auch den Ständen
selbst, da er sie nun wohlfeiler bedienen
kann, als wenn sie selbst einen eigenen Gesandten vollständig besolden müßten, einen
Vortheil zu verschaffen. Dieses, wenn es
auch auf die pflichtmäßige Verwaltung der
Stimmen der respektiven Reichsstände durch
einen einzigen Stellvertreter [keinen nachtheiligen Einfluß hat, wie doch kaum zu
glauben seyn möchte, da er oft gegen seine
Ueberzeugung für diesen und jenen seiner
Konstituenten zu stimmen genöthiget ist,
giebt doch wenigstens dem Akte der Stim-
mengebung selbst eine seltsame Gestalt dadurch, daß ein und derselbe Gesandte oft
ganz widersprechende Stimmen ablegt, und
bey den vorläufigen Verhandlungen über
einen Gegenstand nach ganz verschiedenen
Grundsätzen und Gründen, je nach der Beschaffenheit seiner Instruktionen, zu discep-
tiren genöthiget ist; nicht zu gedenken, daß
mancher brave und fähige, der Reichsangelegenheiten kundige Mann, in einem Reichslande, wo der Landesherr keinen eigenen
Gesandten zum Reichstage schickt, sondern

seine Stimme einem andern mit überträgt,
unbenutzt und unangestellt bleibt, ohne daß
jedoch dadurch für das Land selbst, das
gleichwohl seinen Beitrag nach wie vor zur
Legation entrichten muß, der geringste Vor=
theil erwächst.

Da in den einzelnen Deutschen Reichs=
ländern keine besondere Gewalt ist, die die
Gesetzgebung in ihrem ganzen Umfange aus=
schließlich besorgte, und da der Antheil,
den die Landstände in mehrern Reichslän=
dern noch an der Gesetzgebung haben (denn
vermöge der Wahlkapit. Leopold I. Art.
15. §. 3. dürfen sich die Landstände die
Disposition über die Landsteuern n i c h t
a l l e i n zueignen, und auch in dergleichen
und a n d e r n S a c h e n ohne Vorwissen
und Bewilligung der Landesherrn keine Con=
vente halten), von ihnen nicht im Namen
des Volks, folglich nicht in repräsentativer
Form, sondern als eine ihren Gütern an=
klebende Eigenschaft, verwaltet wird; so
kann auch gegenwärtig der Unterhalt der
Stellvertreter der gesetzgebenden Macht der

Reichsländer kein Bedürfniß seyn, zu dessen
Bestreitung die Staatsbürger beizutragen
hätten. Unsere Landstandschaften sind auch
keine von einem allgemeinen gesetzgebenden
Körper des Reichs abhängige Kommission,
um gesetzliche Anordnungen und Veränderungen bey jenem zur Anzeige zu bringen, die
also aus der gemeinschaftlichen Kasse des
gesammten Reichs besoldet werden müßte.
Es mangelt also dem Reiche auch in dieser
Rücksicht ein wesentliches Bedürfniß, und
seine Steuerverfassung ist in so fern wieder
mangelhaft.

· Für den Unterhalt des höchsten
Reichsoberhaupts hat das Deutsche
Reich weder hinlänglich, noch anständig
und auf eine dauerhafte Weise gesorgt. Allgemeine fortwährende Einkünfte hat der
Kaiser gar nicht. Nicht die ganze Nation,
sondern nur einzelne Theile derselben tragen
jährlich zu diesen ordentlichen Einkünften bey. Diese bestehen in den noch übrig
gebliebenen Urbarsteuern einiger
Reichsstädte, die zusammengenommen

10784 Gulden 32 Kreuzer betragen sollen.

3000 ———— : ———— opfert jährlich die
Judenschaft in
Frankfurt, und

' 100 ———— :; ———— die Judenschaft in
Worms; wel-
ches also zusam-
men eine Sum-
me von

_____

13,884 Guld. 32 Kreuzern ausmacht. Diese Summe steht doch mit der Würde des
Kaisers in gar keinem Verhältnisse. Sie
macht auch keinen Gegenstand der Vorsorge
des ganzen Reichs aus, da sie nicht von
diesem, sondern nur von einzelnen Theilen
desselben entrichtet wird. Und wie kommen
die Juden in Frankfurt und Worms dazu,
Pflichten und Lasten zu übernehmen, die
das gesammte Reich mit viel besserem An-
stande für sich selbst und sein höchstes Oberhaupt zu tragen verbunden wäre? In diesen Beiträgen der Judenschaft liegt auch
etwas Widerwärtiges und Unschickliches,
weil man sich dabey des Gedankens nicht er-

wehren kann, daß sie von dem gedrückte-
sten Theile der Deutschen Menschheit herrühren, und das Andenken ihres barbari-
schen Ursprungs erneuern, der darin zu
suchen ist, daß die Juden mit dieser Steuer
ihr Gut und Leben lösen mußten; weil man
glaubte, daß der Kaiser befugt sey, mit
ihrem Gute zu schalten und zu walten, wie
er wollte, und sie nach Gefallen umbringen
zu lassen. Daß die Deutschen Kaiser, deren Einkünfte sich unter **Friedrich** I. auf
12 Millionen, und später, unter **Ru-**
dolph I., noch auf 4 Millionen Rthlr.
beliefen, bis zu jener Armseligkeit, deren
sich jeder seine Würde fühlende Regent schä-
men muß, herabgesunken sind, davon liegt
der Grund in der Aufnahme der Deutschen
Landeshoheit, die, je höher sie selbst stieg,
die Macht und das Ansehn des Kaisers immer mehr einschränkte und verringerte.
Wenn die unumschränkte willkührliche Herr-
schaft der ehemaligen Kaiser eine Einschränkung und Herabsetzung verdiente, so hätten
doch auch von der andern Seite die Deutschen Reichsstände nicht selbst zur Begrün-

dung ihrer eigenen willkührlichen Gewalt
Vortheil davon ziehen, und ihr Oberhaupt
bis zu diesem wirklich erniedrigenden Grad,
in Ansehung der Mittel zur Behauptung
seines auch äußern Ansehns, herabsetzen
sollen. Wenn eine rechtliche Verfassung
im Deutschen Reiche seyn soll, so müßte
freilich die ausführende Macht des Kaisers
völlig von der gesetzgebenden der Reichsstände getrennt, aber auch der Kaiser von dem
Reiche, seiner hohen Würde gemäß, durch
gemeinschaftliche, von allen besteurungsfä-
higen Bürgern des Reichs zu entrichtende
Beiträge unterhalten, und also auch in so
fern von dem gesammten Reiche abhängig
gemacht werden. Diese Abhängigkeit würde dann auch den jedesmaligen Kaiser verhindern, verfassungswidrige Eingriffe in
die Rechte der gesetzgebenden Gewalt zu
thun, und seine Regentschaft in Despotismus zu verwandeln; und die Stände des
Reichs und das Reich selbst würden sich
von dem gegründeten Tadel befreien, einen
Kaiser zu haben, der zur Behauptung seines äußern Ansehens ihnen und dem Reiche

gar nichts zu danken hat. Je mächtiger
und je unabhängiger der Inhaber der ausführenden Gewalt in Ansehung seiner Ein-
nahmen von der gesetzgebenden Gewalt ist,
je mehr er sich durch eigene Macht und
Mittel Anhänger verschaffen kann, desto
mehr steht die rechtliche Verfassung eines
Staats in Gefahr, in Despotismus aus-
zuarten.

Außer diesen ordentlichen Einkünften
hat der jedesmalige Kaiser noch einige a u s-
ferordentliche und zufällige zu erheben. Diese bestehen: 1) in den frei-
willigen Geschenken oder Dongratuits, die
nach der Kaiserlichen Krönung von allen
oder einzelnen Reichsgräflichen Kollegien,
ingleichen den Reichsprälaten und einzelnen
Ständen dem Kaiser entrichtet zu werden
pflegen; 2) in der Verehrung der Krö-
nungsstadt Frankfurt, die willkührlich ist,
und gewöhnlich in einer Quantität Silber-
geschirr und einigen Hundert bis Tausend
Dukaten besteht. Die Juden machen
dem Kaiser bey dessen Regierungsantritt
ebenfalls ein Geschenk mit einem silbernen

Becher

Becher und 2 bis 300 Dukaten. 3) In einer unbeſtimmten Summe, mit welcher ſich eine jede Reichsſtadt von der Huldigung loskauft, die aber der Kaiſer gewöhnlich er: läßt. 4) In den Charitativſubſidien der Reichsritterſchaft während eines Reichskrie: ges, welche beinahe zu einer halben Million Gulden angeſchlagen werden kann.*) 5) In

---

*) Nach Randels Annalen der Staats: kräfte Europens, ſoll ſie Kaiſer Joſeph II. weil die Reichsritterſchaft nichts zur Er: haltung des R. Kammergerichts beitra: ge, in eine jährliche Abgabe ver: wandelt haben, die 30000 Gulden be: trage, welches aber eine gute Behörde nicht beſtätige. Im Fall dieſe Nachricht gegründet wäre, und dieſe Einkünfte zur Verpflegung des Reichskammergerichts mit angewendet würden, wovon jedoch zur Zeit noch nichts kundbar geworden iſt, ſo fiele dieſe Poſt hier weg, weil ſie alsdann nicht zur perſönlichen und freien Diſpoſition des Kaiſers gehörte. Als bloße Subſidien während der Reichskrie: ge betrachtet, können ſie auch hier blos nur in ſofern in Anſchlag gebracht wer: den, als der Kaiſer nicht verbunden iſt,

G

den Lehnsanfällen, die aber so selten sind, daß sich vom Jahre 1762 bis 1785 nur sechs Fälle der Art ergeben haben. Wenn nämlich Reichslehen der unmittelbaren Reichsritter und andere unmittelbare Lehen dem Reiche wieder anheim fallen, so muß der, der vom Kaiser von neuem damit beliehen wird, der Kaiserlichen Hofkammer eine dem Werthe des Lehns proportionirte Summe bezahlen. Joseph II. soll dergleichen kleine Lehen dem Meistbietenden überlassen und die damals heimgefallenen Nürnbergischen Küchenlehen für 23000 Gulden verkauft haben. 6) In der Verleihung gewisser Kirchenpfründen, oder dem sogenannten Recht der ersten Bitten, wofür etwas Bestimmtes an die Kaiserliche Kammer fallen soll. Endlich 7) in den fiskalischen Strafgeldern, die aber bey der heutigen Reichsverfassung selten vorfallen; es kom-

---

dem Reiche über die Verwendung derselben Rechnung abzulegen, und sie gerade nur zu demjenigen Behufe, zu welchem sie gegeben werden, anzuwenden braucht.

men davon auch nur diejenigen, die in
Golde bezahlt werden müssen, in den Kai=
serlichen Fiskus. Die von dem Reichs=
kammergerichte zuerkannten Strafgelder in
Silber, wenn sie sich nicht auf eine Mark.
Goldes belaufen, erhält die Armenkasse.
Von allen diesen Revenüen kommen einige
nur selten und manche gar nicht unter ei=
ner jeden Kaiserlichen Regierung vor; und
ob sie gleich, wenn man sie zusammen
nimmt, ganz ansehnlich zu seyn scheinen,
so reichen sie gleichwohl nicht einmal hin,
die Krönungskosten, den Gehalt der Reichs=
tagskommission, und der Kaiserlichen Mi=
nister in den Kreisen davon zu bestreiten.
Was insonderheit die Loskaufung der
Huldigung mehrerer Reichsstädte be=
trift, so kann diese um so weniger Statt.
finden, als die Huldigung der Reichsstäd=
te, eben so wie die Ablegung des Lehns=
eides, zu welcher die Kurfürsten, Für=
sten, Grafen und Prälaten, als Reichs=
vasallen, verbunden sind, eine Hand=
lung ist, durch welche sie sich für dem Kai=
ser und Reiche unterwürfig und verantwort=

lich in allen mit denselben eingegangenen
Verhältnissen erklären, und also überhaupt
nicht, am allerwenigsten aber für irgend
einen Preis erlassen werden darf. Es muß
also wol aus diesem Grunde nicht sowohl
eine gänzliche Loskaufung aller Huldigung,
als vielmehr nur eine Loskaufung der von
den Reichsstädtischen Magistraten persön-
lich zu leistenden Ablegung des Huldigungs-
eides am Kaiserlichen Hofe darunter verstanden werden. In Frankfurt empfängt
der Kaiser bey seiner Krönung die Huldigung der Stadt selbst, in Regensburg pflegt
sie dem Kaiserlichen Principalkommissarius
und in Wetzlar dem Kaiserlichen und Reichs-
Kammerrichter an des Kaisers Statt abgelegt
zu werden. Andere Reichsstädte lassen diese
Handlung in Wien durch ihre Geschäftsträ-
ger oder Agenten beim Reichshofrath verrichten, für welche Vergünstigung sie aber eine
gewisse Anzahl Römermonate an die Kaiserliche Hofkammer bezahlen müssen, welche Abgabe aber auch auf einem mehr willführli-
chen als rechtlichen Grunde beruht, da es
einerley rechtliche Würkung hat, von wem

der Huldigungseid geleistet wird, wenn nur
der, der ihn abzulegen hat, dazu gehörig
legitimiret, und es nur rechtsgültig ist, daß
die Huldigung nicht gerade von den Obrigkeiten in Person selbst, sondern auch durch
ihre hierzu autorisirten Abgeordneten abgelegt zu werden braucht.

In Ansehung der Lehnsanfälle, ist
hier nur so viel zu bemerken, daß, da sie,
wegen ihrer Seltenheit und Geringfügigkeit, dem Kaiser nur einen geringen unge-
wissen und blos temporären Zugang zu seinen Einkünften gewähren, man sie lieber
ganz eingehen lassen sollte. Ueberhaupt
sollte man den ganzen Lehnsnexus im Deutschen Reiche aufheben, da nicht allein die
Verbindlichkeiten, die er auflegt, gar oft
der höhern Unterthanenpflicht widerstreitet,
sondern auch die Lehnsverbindung bey der
gegenwärtigen öffentlichen Verfassung ganz
zwecklos und blos noch für die Lehnshöfe in
Ansehung der Sporteln von Würkung ist.
Die Reichsstände oder die besondern exekutiven Gewalten des Deutschen Reichs dür-

fen und follen als Pares gegen einander in
keinem untergeordneten Verhältniſſe ſtehen;
und in Rückſicht ihres Verhältniſſes zu Kai=
ſer und Reich kann für ſie kein anderes Ver=
hältniß als das der gleichen Subordination
und des gleichen Gehorſams untergeordne=
ter Obrigkeiten Statt finden. Das Ver=
hältniß des Lehnsträgers zum Lehnsherrn
iſt überdleß ein blos perſönliches, das den
erſtern zu einer ganz beſondern Treue und
Anhänglichkeit an die Perſon des letztern
verbindet, und auf gar keinem allgemein
ſtaatsrechtlichen Grunde beruhet, und deſ=
ſen Urſprung im Despotismus, der ſich Land=
und Leute als ein Privatvermögen zueigne=
te, zu ſuchen iſt. Daß ein Staat Perſo=
nen, die ſich um ihn verdient gemacht ha=
ben, einzelne auf ſeinem Territorio liegen=
de noch herrenloſe Grundſtücke mit Vorbe=
halt des Obereigenthums, zur Benutzung
verleihen kann, iſt in der Ordnung; da
aber die Lehen gerade dadurch zu Lehen wer=
den, daß der Vaſall ſeinem Lehnsherrn zu
beſonderer Treue und Gehorſam, und zur
Leiſtung kriegeriſcher Hülfe verpflichtet iſt;

in einem Staate aber es keine Dienste, keinen Gehorsam und keine Treue giebt, zu
welchem nicht jeder Unterthan ohnehin schon
verbunden wäre; auch in einem republika-
nisch eingerichteten Staate, ohne welchen
Charakter kein Staat im eigentlichen Ver-
stande so genannt werden kann, kein anderes Verhältniß, als das der Bürger und
Unterthanen gegen die Obrigkeit denkbar ist,
dagegen nach dem eingeführten Lehnsrechte
der Vasall, als solcher, eben kein Unterthan zu seyn braucht, und das, was er
seinem Lehnsherrn zu leisten schuldig ist, nur
durch den Lehnsvertrag, oft zum Nachtheil
der allgemeinen und nothwendigen Unterthanenpflicht, bestimmt wird; so kann auch
das Lehnsverhältniß nicht als ein wahres
rechtliches Verhältniß angesehen werden,
und ist, in wiefern Treue, Gehorsam und
Dienstleistungen schon durch das bloße
Verhältniß des Bürgers und Unterthans
zum Staate bestimmt sind, überflüssig.
Moser *) hat also sehr richtig geurtheilt,

---

*) Im Reichshofrathsprozeß Th. IV. C. b,
    §. 4. S. 112.

wenn er behauptet: daß die von den Reichs⸗
ständen in Gemäßheit der Reichsmatrikel zu
leistenden Dienste, n i ch t m e h r als Lehn⸗
dienste, sondern als reichsständische Pflich⸗
ten zu betrachten wären.

———

Bey einer nach den Grundsätzen des
Republikanism eingerichteten Organisation
des Reichs würde der Kaiser, je nach der
Anzahl und dem Umfange der verschiedenen
Zweige der öffentlichen Verwaltung, die
Beihülfe mehrerer Minister, die er zu er⸗
nennen hätte, nöthig haben, deren jedem
besondere zu seinem Departement gehörige
Dikasterien, Kanzleien u. s. w. untergeord⸗
net wären, und dieses ganze Personal müß⸗
te von dem Reiche besoldet werden. Eine
solche regelmäßige Verfassung hat das Deut⸗
sche Reich nicht, folglich auch keinen Auf⸗
wand zu Bestreitung eines solchen doch in
der That sehr wesentlichen Staatsbedürf⸗
nisses. Als Staatsrath des Kaisers ist ge⸗
wissermaßen der Reichshofrath zu be⸗
trachten, der ihm, so oft es erforderlich
ist, schriftliche Gutachten über Reichs⸗

Staatsfachen erstattet, aber neben diefer
Eigenschaft auch, und hauptsächlich die mit
dem Reichskammergerichte konkurrirende
Gerichtsbarkeit in höchster Instanz ausübt.
Eigentlich ist aber der Reichsvicekanzler der einzige wahre Staatsminister, den
der Kaiser als Kaiser hat. Er allein hat,
nach Vorschrift der Wahlkapitulation, in
Reichsfachen dem Kaiser alle Vorträge zu
thun, und was der Kaiser als Kaiser zu un-
terschreiben hat, muß immer erst vom
Reichsvicekanzler kontrasignirt seyn. Doch
kann auch der Kaiser einige Mitglieder des
Reichshofraths zu den Verhandlungen mit
dem Reichsvicekanzler ziehen. Inzwischen
bedient sich der Kaiser gleichwol in Reichsfachen auch seiner erbländischen Minister
und geheimen Räthe, der Hofkammer und
des Hofkriegsraths u. s. w. Jenen, seinen
einzigen Minister, ernennet der Kaiser nicht
selbst, sondern der Kurfürst von Mainz, als
Erzkanzler des Reichs. Dieses ist höchst
sonderbar, und dem Begriffe der kaiserlichen höchsten Gewalt ganz zuwider, die dadurch, daß der Kaiser, welcher für die or-

dentliche und gesetzmäßige Verwaltung der
Regierung selbst stehen muß, in der Wahl
der hierzu nothwendigen Personen, in die
er sein Vertrauen setzt, eingeschränkt, und
von einem andern, als von sich selbst, ab:
hängig ist, in der That sehr herabgesetzt
und beeinträchtiget wird. Dem Reichs:
vicekanzler steht noch der Reichsrefe:
rendar zur Seite, der ebenfalls von dem
Kurfürsten von Mainz gesetzt wird, und der
eigentlich die Ausfertigungen, die außer
dem Reichshofrathe am kaiserlichen Hofe
in Reichsangelegenheiten zu machen sind,
zu concipiren, solche noch vor dem Reichs:
vicekanzler zu contrasigniren, und in Con:
ferenzen über Reichssachen mündliche Vor:
träge zu thun hat.

Weder der Reichshofrath, in seiner
doppelten Eigenschaft, noch der Reichsvice:
kanzler und Reichsreferendar werden vom
Reiche besoldet, sondern die Last davon
trägt der Kaiser; welches um so unbilliger
ist, da die Einkünfte des Kaisers, als sol:
ches, so unbedeutend sind. Die Stelle des
Reichsvicekanzlers soll zwar sehr einträglich

seyn, weil von allen Taxen und Sporteln
der beträchtlichste Theil ihm zufalle; allein
diese trägt doch das Reich als Reich nicht,
und Taxen und Sporteln sind auch nicht
die rechtliche Quelle, aus welcher Personen von solchem Range besoldet werden
sollten. Taxen und Sporteln sind ein Un-
kraut, das nur auf dem Boden solcher
Staaten wachsen kann, in welchen eine
rechtliche Verfassung und eine derselben gemäße Organisation der öffentlichen Gewalten und ihrer Verwaltung fremd sind.

Zwey Hauptposten, welche das Deutsche Reich, vorausgesetzt, daß es nach rechtlichen Grundsätzen organisiret wäre, zu bestreiten hätte, fallen für dasselbe in seiner
gegenwärtigen Verfassung völlig leer aus,
nemlich der standesmäßige Unterhalt der
Regenten der besondern Staaten des Deutschen Reichs, und die Besoldung der unter ihnen stehenden Räthe und Dienerschaft,
wozu, nach der wirklich vorhandenen Verfassung, die Kosten von den erstern unmittelbar und kraft eigener Autorität aus den

Ertrage der Domänen und Regalien, und, aus dem Privatvermögen der Unterthanen erhoben und angewendet werden. So lange die Deutschen Reichsfürsten zur Besteuerung ihrer Unterthanen selbst berechtiget bleiben, und in so fern vom Kaiser und Reiche gänzlich unabhängig sind, so lange wird auch die systematische Einheit des Deutschen Reichs ein frommer Wunsch bleiben. Denn diese Einheit kann nur dadurch erhalten werden, daß die Gesetzgebung und Regierung aller einzelnen Reichsprovinzen nicht von diesen selbst, sondern von einer und derselben allgemeinen Gesetzgebung und ausführenden Macht ausgeht, und alle besondern Regenten von dem einzigen gemeinschaftlichen Oberhaupte abhängig sind; folglich auch keiner derselben in der ihm übergebenen Provinz ein Recht auszuüben befugt seyn darf, das nur jenem, vermöge der ihm ausschließlich übertragenen höchsten Gewalt, zustehen kann. Steuern, zur Bestreitung der allgemeinen Bedürfnisse des ganzen Reichs und der besondern der einzelnen Provinzen desselben, auszuschreiben,

ist nur ein Vorrecht des Deutschen gesetzgebenden Areopags, und die Erhebung, Verwaltung, zweckmäßige Verwendung und
Berechnung gebührt allein dem allgemeinen, die höchste Gewalt führenden Reichsoberhaupte, das sich hierzu der ihm subordinirten Gewalt der besondern Regenten
der Deutschen Reichsländer bedient.

So sollte es auch mit den Vertheidi-
gungsanstalten beschaffen seyn. Das ganze
Kriegswesen sollte einzig und allein von dem
höchsten Reichsoberhaupte abhängen; es
gäbe alsdann keine besondere, mit einander nicht in Verbindung und systematischem
Zusammenhange stehende Armeeen, sondern nur ein Reichsheer, das nur den
Befehlen jenes Einzigen, und der unmittelbar und mittelbar unter ihnen stehenden
Generale und Officiere zu gehorchen hätte.
Es gäbe, so wie überhaupt kein Deutsches
Land, das einem Fürsten eigenthümlich zu-
ständе — denn nur die Provinzial regierungen könnten erblich bleiben — auch

keine Feſtung, die als ſolche, nicht der
Diſpoſition des höchſten Reichsoberhaupts
unterworfen wäre. Die Ernennung der
kommandirenden Generale, der Chefs der
Brigaden und Regimenter, müßte von
ihm allein abhängen, und die Beſoldung
und Verpflegung der Truppen, ſo wie die
ganze militäriſche Oekonomie, und die Unterhaltung der Feſtungen aus der allgemeinen Kaſſe des Reichs, und den ihr ſubordinirten Unterkaſſen, von deren Verwal-
tern Rechnung an den Reichskaſſirer, und
von dieſem an den Kaiſer, um von der
richtigen Verwaltung dem geſetzgebenden
Körper Rechenſchaft geben zu können, abgelegt werden müßte, beſtritten werden.

Da das Reich, als ſolches, zwar eine
Generalität, aber kein Kriegsheer in Friedenszeiten hat und unterhält, ſo bedarf es
auch hierzu keiner fortdauernden Anlagen.
Erſt bey entſtehenden Reichskriegen tritt
der Fall einer allgemeinen Beihülfe der
Reichsſtände, nicht ſowohl zur Unterhaltung und Verpflegung der Truppen, da für

diese ein jeder Stand in Rücksicht seines
Contingents selbst unmittelbar zu sorgen
hat, als vielmehr zur Bestreitung mancher
anderer, die Reichsarmee im Ganzen be=
treffenden Kosten, z. B. der Besoldungen
der Reichsgeneralität, des Generalstaabs,
der Versendung der Kuriere und Staffetten,
Fortifikations=, Postir= und Schanzarbeit=
Kosten, Ammunitions= und Transportko=
sten, der Verpflegung der Kriegsgefange=
nen, Straßenreparaturen und anderer au=
ßerordentlicher Ausgaben, ein. Die all=
gemeine Kontribution wird in Form der
Römermonate entrichtet; jeder Reichsstand
muß nemlich für jeden beschlossenen Römer=
monat so vielmal 12 und 4 Gulden (als
so hoch ein einzelner Reiter und Infanterist
angesetzt ist) bezahlen, als nach der Reichs=
matrikel von 1521 ein Reichsstand zu dem
damals beliebten Römerzuge Reiter und
Infanteristen zu stellen verbunden war,
wofern nicht etwa sein Anschlag moderirt
worden ist. Gegen diese Matrikel, von
der man noch nicht weiß, wie sie entstan=
den, und ob sie mit Verwilligung und Ge=

nehmigung des Reichs verfertiget ift, find
gleich Anfangs laute Klagen und Beschwer:
den entstanden, und ohngeachtet man drey
Jahrhunderte lang an Reichs: und Kreis:
tagen daran gearbeitet hat, die Mängel
diefer Matrikel, die in der Di:proportion
der Anschläge zu dem refpektiven Vermö:
genszuftande der Kontribuenten, in dem
Mangel ficherer Grundfätze, wie bey der
nothwendig vorausfetzenden Unterfuchung
jenes Vermögenszuftandes verfahren wer:
den foll, in der zufälligen Veränderung
diefes Zuftandes u. f. w zu fuchen find, zu
heben und eine vollkommen berichtigte, und
auf den Grund eines gleichen Verhältniffes
errichtete Matrikel herzuftellen, fo ift doch
bis auf diefen Tag jede Bemühung hierin
vergeblich, und die einmüthige Mitwirkung
aller Stände nicht zu erhalten gewefen.
Schon im Jahr 1666 fagte ein Oefterrei:
chifcher Gefandter, „daß er den, der einen
Vorfchlag, wie diefe Matrikel zu berichti:
gen fey, thun könne, für den Apoll felbft
halten würde.“ Die Fruchtlofigkeit aller
Verfuche, die Matrikel zu rektificiren, findet

Mö:

Moſer *) in folgenden drey Urſachen ge=
gründet:

1) weil die den Kreiſen anbefohlne Erkun=
digungen entweder gar nicht, oder doch
nicht auf die vorgeſchriebene Weiſe, voll=
zogen worden ſind. Es ſollte niemlich
Erkundigung eingezogen und den Mode=
ratoren angezeigt werden, wer die Gü=
ter und Gefälle, um deren Abgangs wil=
len ſo viele Stände Moderation erhal=
ten haben, jetzt beſitze, damit den neuen
Beſitzern ein proportionirter Anſchlag
davon gemacht werden könne. Weil aber
die neuen Beſitzer entweder ſelbſt Kreis=
ausſchreibende Fürſten, oder doch ſonſt
mächtige und angeſehene Stände wären,
ſo unterließen ſie es wohl, dem, was
die Reichsabſchiede ſo oft befohlen hät=
ten, Genüge zu leiſten, vielmehr ſuch=
ten ſie von dieſer Verwirrung zu profiti=
ren, und in Anſehung der neu erworbe=
nen Stücke unbelegt zu bleiben.

---

*) In ſeinem Werke von den Deutſchen
Reichstagsgeſchäften, S. 1168. ff.

H

2) Es wäre faſt niemand mit den ex
aequo et bono ertheilten Moderatio:
nen zufrieden, ſondern jeder wollte noch
geringer angeſetzt ſeyn.

3) Noch weniger wollte aber jemand ſei:
nen Anſchlag ex aequo et bono er:
höhen laſſen, ein jeder ſuche ſich alſo
den Laſten und Anlagen des Reichs zu
entziehen, ſo viel er könne, und ſo we:
nig als möglich zu übernehmen; und
doch erforderten die Kriege, Feſtungen
u. ſ. w., wozu man Reichsanlagen be:
williget, heutiges Tages viel größere
Armeeen und Summen, als vormals.
Nun wäre zwar dieſem durch die Mul:
tiplikation der Römermonate leicht ab:
zuhelfen; das wolle man aber auch nicht,
mithin ſey es nicht möglich, daß unſere
gemeinſchaftlichen Reichsangelegenheiten
gehörig beſorgt werden könnten, ſondern
alles, wozu man Volk oder Geld braucht,
müſſe ſich mit dem Spott und Schaden
des Reichs endigen. Ueberhaupt habe
eine allgemeine Rectification faſt unüber:
windliche Schwierigkeiten. Erſtlich ſey

es nicht möglich, eine Proportion der
Anschläge zu treffen, wenn man den
Vermögenszustand, oder die Einkünfte
der sämmtlichen Reichsstände nicht wisse.
Dieses wollten aber die meisten nicht
wissen lassen, sondern hielten es für ihr
größtes Staatsgeheimniß. Zweitens
müßten nothwendig gewisse Grundsätze
bestimmt werden, wie bey Untersuchung
und Erforschung der Staatskräfte der
Reichsstände zu verfahren sey; was zu
belegen oder nicht zu belegen; wie fern,
wie hoch es zu belegen; wie bey der Sache zu Werke zu gehen sey u. s. w. Darüber führten aber die großen, mittlern
und kleinen, die geistlichen und weltli-
chen Reichsstände, die Reichsstädte ꝛc.
gar sehr verschiedene Meinungen, und
was würden da für Nebenfragen wegen
der Mehrheit der Stimmen, des Juris
singulorum u f. w. entstehen! Drittens sey der Vermögenszustand aller
Reichsstände der Veränderung so sehr
unterworfen, daß, wenn es auch möglich wäre, eine neue rektificirte Matri-

Ḣ 2

kel zu errichten, doch in kürzerer oder
längerer Zeit abermals nöthig seyn wür:
de, hier und da neue Veränderungen
vorzunehmen.

Kömmt es nun an die Bezahlung der
Auflagen selbst, so wird selten, oder viel:
mehr nie, das ganze Quantum der ver:
willigten Römermonate zusammengebracht.
Einige schützen ihr Unvermögen vor, oder
sind durch feindliche Okkupation und andere
Zufälle außer Stand gesetzt, ihrer Schul:
digkeit Genüge zu thun; andere haben
Forderungen an das Reich, oder glau:
ben sie zu haben, und rechnen sie dem
Reiche statt baarer Bezahlung an; noch an:
dere geben nichts, weil sie nicht wollen, ob:
gleich sie ihren schuldigen Beitrag von ihren
Unterthanen erheben. Und da gerade die
ersten und vermögendsten Reichsstände am
meisten mit der Bezahlung zurückbleiben,
so kann man nie auf das Ganze der ausge:
schriebenen Römermonate Rechnung ma:
chen, und es entstehen durch solche Reste
beträchtliche Lücken, die man nun auf eine

andere Art zu verstopfen sucht, die aber gerade für die kleinern Reichsstände, die man
allenfalls durch Zwang zur Bezahlung bringen kann, am lästigsten wird. Da man
nemlich schon zum Voraus weiß, daß mehrere Stände in Rückstand verbleiben werden, so schreibt man desto mehrere Römermonate aus, um das, was nicht eingeht,
wenigstens einigermaßen dadurch zu ersetzen.
Uebrigens ist es auch bis auf diese Stunde
durch kein Reichsgesetz entschieden, ob bey
Steuerbewilligungen auf dem Reichstage die
Mehrheit der Stimmen auch für die Nicht-
bewilligenden Stände verbindlich sey; daher denn von diesen letztern immer einge-
wandt werden kann, daß sie zu dem, was
sie nicht mit bewilliget hätten, auch nicht
verbunden wären, und gegen dieselben auch
kein Zwang auf eine zu Recht beständige
Weise vollstreckt werden kann. Alle diese Mängel und Gebrechen in der Deutschen Steuerverfassung lassen sich schlechterdings nicht heben, so lange die Verwilligungen zu den allgemeinen Bedürfnissen des
Deutschen Reichs mit dem eigenen Inter-

esse der einzelnen Regenten der Reichslän=
der kollidiren, das ganze Reich nicht eine
und dieselbe unzertrennliche gesetzgebende
und ausübende Gewalt hat; der besondere
Wille aller einzelnen Regenten der Deut=
schen Provinzen nicht von einem einzigen
allgemeinen Willen abhängig gemacht, die
Gesetzgebung von der ausübenden Gewalt
nicht völlig getrennt, und die Landeshoheit
in Deutschland nicht in eine rechtliche De=
pendenz von dem allgemeinen Oberhaupte
gesetzt wird. Will man, daß Deutschland
ein in ein gesetzliches System vereinigter
Staat seyn soll, so können unsere Deut=
schen Fürsten nicht mehr selbstständige Lan=
desherren bleiben; oder, da sie dieses doch
immer werden bleiben wollen, muß man
den Gedanken aufgeben, aus ihren Ländern
einen einzigen gesetzlichen Staat zu formi=
ren, und diesem eine rechtliche Verfassung
zu geben, als welches ohne jene Voraus=
setzung, die freilich eine wahre philosophi=
sche Selbstverleugnung von Seiten unserer
Landesherren erfordert, gar nicht möglich
ist. Dann gäbe es keine Territorialsteuern,

sondern eine von dem gesetzgebenden Körper für alle Bedürfnisse berechnete allgemeine und beständige Reichssteuer; die
Reichsmatrikel würde nun nicht mehr auf
R e i ch s s t ä n d e, sondern auf die zu einer
und derselben unveränderlichen Unterregent-
schaft gehörigen Länder eingerichtet, durch-
aus ein gleicher und unveränderlicher Steu-
erfuß eingeführt, und zu jeder Zeit würden
für alle Bedürfnisse die nöthigen Mittel in
Bereitschaft seyn.

Dritter Abschnitt.

Von der staatswirthschaftlichen Verfassung
des Deutschen Reichs in Absehung der
Beförderung des Nahrungsstandes und
der Industrie der Reichsunterthanen.

Wenn die öffentlichen Bedürfnisse aus dem
Vermögen der Staatsbürger und Unter=
thanen bestritten werden sollen, so folgt von
selbst, daß von Seiten der Staatsverwal=
tung den Bürgern nicht allein keine Hinder=
nisse, die Abgaben aus ihrem Vermögen
mit Bequemlichkeit leisten zu können, in
den Weg gelegt werden dürfen, sondern
auch für die Beförderung des Nahrungsstan=
des und der Industrie derselben selbst gesorgt
werden müsse, um sie dadurch in den Stand
zu setzen, diese Pflicht gegen den Staat
mit Leichtigkeit und ohne Nachtheil ihrer
Privatwirthschaft erfüllen zu können. Die
Quellen, aus welchen alle Arten der bür=
gerlichen Nahrung fließen, versorgen den
Bürger auch zugleich mit den Mitteln zur

Beſtreitung ſeines Antheils an den gemeiſ
nen Laſten. Da nun dieſe Quellen 1) in
den Zinſen der bloßen Kapitaliſten, 2) in
dem Ertrage der Ländereien und Grundſtü:
cke, 3) in dem Ertrage aus der Verarbei:
tung der natürlichen Erzeugniſſe und den
Kunſt: oder Gewerbeprodukten beſtohen; ſo
wird ſich auch die Vorſorge des Staats auf
die Entfernung der Hinderniſſe, die dieſe
Nahrungsquellen verſtopfen können, und
auf die poſitive Beförderung derſelben aus:
dehnen müſſen. Was in Anſehung derſel:
ben durch die Verfaſſung des Deutſchen
Reichs gethan werden kann und geſchehen
iſt, ſoll den Gegenſtand der folgenden Be:
trachtungen ausmachen.

I.

Von den Kapitaliſten.

Der Vorrath, welchen man nicht un:
mittelbar zur Beſtreitung ſeiner Subſiſtenz
angreift, ſondern nur als ein Mittel ge:
braucht, ſich dadurch den Unterhalt zu ver:
ſchaffen und den vorhandenen Vorrath zu

vermehren, heißt der Stock oder das Kapital, und der Eigenthümer dieses Vorraths der Kapitalist. Seitdem das Geld das Mittel geworden ist, Dinge aller Art zu kaufen und zu verkaufen und den Werth derselben und der Arbeit zu vertreten, pflegt man sich jener Benennungen von Kapital und Kapitalisten blos von solchen Geldvorräthen und deren Eigenthümern zu bedienen. Es ist ein mannichfaltiger Gebrauch des Kapitals möglich, der sich hauptsächlich auf folgende zurückführen läßt. Man benutzt nämlich dasselbe entweder zum Ankauf von Grundstücken, die ein Einkommen abwerfen, oder zur Verbesserung solcher Grundstücke, um das Einkommen derselben zu erhöhen, oder zum Ankauf solcher zu einem städtischen Gewerbe gehörigen Maschinen, Werkstätten und Geräthschaften, deren Gebrauch und Anwendung ein Einkommen gewährt, oder zum Ankauf von Natur- Kunst- und Gewerbeprodukten, um solche wieder mit Vortheil und Gewinn zu verkaufen; endlich auch, um es zum Behuf irgend eines dieser bisher genannten Zwecke an au-

dere gegen Wiedererstattung und Bezahlung
eines jährlichen Zinses zu verleihen. Von
dieser letztern Art ein Kapital mit Vortheil
zu gebrauchen, ist hier allein die Rede.

Alle Kapitalien sind ursprünglich durch
Fleiß erworben und durch Sparsamkeit erhalten und vermehrt worden. Wenn auch
ihr gegenwärtiger Besitzer nicht durch eignen
Fleiß, sondern durch Erbschaft zu ihrem Besitze gelangt ist, so muß er doch, in wiefern
er sie ferner erhalten und vermehren will,
solches durch Sparsamkeit bewürken, vorausgesetzt, daß er so klug ist, sie nicht an
Verschwender, sondern an solche Personen
zu verleihen, die durch die Anlage des Kapitals selbst, verbunden mit ihrem Fleiße
und ihrer Sparsamkeit, für die Wiedererstattung des Kapitals und die Abtragung
der Zinsen hinlängliche Sicherheit zu leisten
im Stande sind.

Es ist für den Staat einerley, ob der
Kapitalist selbst produktiver Arbeiter ist und
sein Kapital zur Hervorbringung einer Waare und zur Vergrößerung ihres Werthes
selbst anwendet, oder ob er es den Händen

solcher Personen, die in dieser Rücksicht an
seine Stelle treten, und sein Kapitel zweck=
mäßig zu ihrem und seinem Vortheile benü=
tzen, anvertraut. Eben so gleichgültig kann
es dem Staate seyn, in welchem Verhalt=
nisse das Total aller in ihm vorhandenen
verzinslichen Kapitalien zu den Produkten
der Natur und des Kunstfleißes steht; da
der Werth des Geldes jederzeit von dem
Werthe dieser Produkte abhängt, und von
demselben bestimmt wird. Der Werth des
Geldes vermindert sich in eben dem Ver=
hältnisse, in welchem der Werth der Güter
steigt, und so wie dieser wieder sinkt, steigt
jener. Ein Geldstück von 3 Rthlr. z. B.,
für welches ich sonst ein Malter Korn kau=
fen könnte, verliert die Hälfte seines rea=
len Werthes, wenn ich jetzt dafür nur ein
halbes Malter Korn einkaufen kann. Aber
mehr ist der Staat dabey interessirt, wenn
die Frage ist: ob es mit der Gleichheit der
Rechte der Bürger und der Freiheit des
Handels und Wandels derselben bestehen
könne, wenn alle ersparten Gelder nur in
die Hände produktiver Arbeiter, die sie wie=

der zu produktiven Arbeiten anwenden, zu-
rückgehen. Es ist freilich richtig, daß der
Zweck der Kapitalien darin besteht, zu produktiven Arbeiten verwendet zu werden,
um dadurch ihren Eigenthümern einen der
Größe des Kapitals angemessenen Gewinnst
zu gewähren. Aber daraus folgt noch nicht,
daß alle Kapitalien von ihren Inhabern
unmittelbar selbst zu diesem Behufe benutzt
werden müssen. Wenn es keine solche Kapitalisten gäbe, die blos von den Zinsen leben, die sie ihnen abwerfen, und alle in
einem Lande vorhandenen Kapitale nur von
produktiven Arbeitern besessen und zu produktiven Arbeiten angewendet würden, so
würde aller Reichthum des Landes über kurz
oder lang in die Hände weniger industriöser
Leute kommen, die sich die Trägheit, Sorg-
losigkeit und Verschwendung ihrer Mitge-
nossen und Mitbürger zu Nutze machen, das
Eigenthum und den Erwerb derselben nach
und nach an sich ziehen, jeden Anfänger, der
mit ihnen in dieselbe Laufbahn treten und
wetteifern wollte, durch die Gewalt ihres
Vermögens davon abhalten und zurückdrän-

gen, und bald den größern Theil ihrer Mit=
bürger, durch die Aufhebung und Verhin=
derung der größern Konkurrenz von sich ab=
hängig machen würden. Es ist also sehr
gut, daß es Personen giebt, die sich selbst
aller produktiven Beschäftigungen entschla=
gen, und ihre erworbenen oder ererbten Ka=
pitalien durch Verleihen gegen Zinsen an
andere, die gern etwas unternehmen und
durch produktive Arbeiten erwerben wollen,
benutzen. Der Staat kann freilich das
Verhältniß, in welchem die Anzahl der von
Zinsen lebenden Kapitalisten zu der Anzahl
der hervorbringenden Arbeiter stehen soll,
so wenig bestimmen, als er jenen, sein Ka=
pital zu produktiven Arbeiten selbst zu ver=
wenden, und diesen, seine dadurch erwor=
bene Ersparniß gegen Zinsen auszuleihen,
zwingen kann. Aber er thut schon genug,
wenn er nur den Gang der Natur nicht
stört, und keinen Theil zum Nachtheil des
andern begünstiget. Wenn der verzinsli=
chen Kapitalien zu viele werden, so nöthi=
get die nun verringerte Anzahl der Bor=
genden und das verminderte Quantum des

Zinſes die Kapitaliſten von ſelbſt, andere
Wege, ihr Kapital zu benutzen, einzuſchla-
gen. Vervielfältigen ſich die hervorbringenden Arbeiter über die Gebühr, ſo wird
ihr Gewinnſt von dem auf ihre Produkte
verwendeten Kapitale geringer werden, und
die durch die übermäßige Konkurrenz verur-
ſachte. Wohlfeilheit ihrer Waaren wird ſie
veranlaſſen, die erſparten Gelder nunmehr
lieber als verzinsliches Kapital zu benutzen.
Das Gleichgewicht wird ſich alſo ſo oft, als
es gehoben worden, durch die Natur der
menſchlichen Unternehmungen und Zwecke,
ſo wie ſie ſich in ihren Intereſſen berühren,
von ſelbſt wieder herſtellen.

Wie behutſam die Regierungen zu ſeyn
Urſache haben, etwas über die Kapitalien,
ihre Anwendung und Intereſſen geſetzlich
zu beſtimmen, erhellet aus der innigen
Verbindung, in welcher das Kapital eines
Landes mit dem Landbau, den Manufakturen, Fabriken und dem Handel deſſelben
ſteht, und aus den günſtigen oder nachtheiligen Folgen, die bey dieſen ſogleich verſpü-
ret werden, als man jenes entweder ſeinen

natürlichen Würkungen überläßt, oder es
in denselben einschränkt und durch Eingriffe
hemmt. Das Kapital ist das erste und vors
nehmste Triebwerk, das alle zur Maschine
der Staatswirthschaft gehörigen Theile der
Industrie in Bewegung setzt, ihnen einen
höhern und würksamern Schwung giebt,
und dessen Unterbrechung und Störung zu=
gleich den Stillstand und Verfall der ganzen
Maschine nach sich zieht. Gleichwie sich
ohne Geld überhaupt nur ein sehr einge=
schränkter und im Detail höchst beschwerli=
cher Tauschhandel von Waaren gegen Waa=
ren und Arbeit denken läßt; so ist es auch
nur das Geldkapital, durch welches alle
Arten von produktiver Arbeit verbessert und
vermehrt, und der Handel mit denselben
erweitert und bis zum möglich höchsten Grad
der Vollkommenheit empor gebracht wer=
den kann. Obwohl nun dieses Kapital größ=
tentheils ein solches seyn mag, das der pro=
duktive Arbeiter, ohne es zu borgen, durch
Fleiß und Sparsamkeit erworben hat; so
konnte doch einmal ohne ein Kapital von
irgend einer Art, keine produktive Beschäf=
tigung

tigung von nur einiger Beträchtlichkeit angefangen, fortgesetzt und zu einigem Grade der Vollkommenheit gebracht werden,
am wenigsten die allererste und vornehmste,
der Ackerbau, der doch Geräthschaften,
Werkzeuge, Gebäude, Zugthiere u. s. w.
erfordert, die angeschafft werden müssen,
gesetzt auch, daß der Eigenthümer den Grund
und Boden, den er durch den Ackerbau benutzt, unmittelbar und unentgeltlich aus
den Händen der Natur empfangen hätte.
Zweitens giebt es aber auch noch einen sehr
ansehnlichen Theil produktiver Eigenthümer, Unternehmer und Arbeiter, Lande-
reibesitzer, Manufakturisten, Fabrikanten,
Handwerker, Groß- und Kleinhändler,
die zur Erweiterung des Würkungskreises
ihrer Industrie und zur Vermehrung des
Werthes ihrer produktiven Arbeiten, der
Beihülfe fremder Geldvorräthe gegen ein
jährliches Interesse benöthiget sind. Es
sey nun das Kapital unmittelbar selbst erworben und erspart, oder erborgt, so kann
es nur auf viererley Art auf produktive Arbeit angewendet werden: 1) zur Hervor-

J

bringung roher Materialien; 2) zu Verarbeitung derselben zum unmittelbaren Genuß und Gebrauch; 3) zur Ausführung der
rohen und verarbeiteten Materialien in andere Gegenden, wo man derselben bedarf,
und zur Einführung derselben aus solchen,
wo sie im Ueberflusse vorhanden sind; und
4) zur Vertheilung derselben nach kleinern
den jedesmaligen Bedürfnissen der Konsu-
menten angemessenen Portionen. Mit der
ersten Art der Verwendung der Kapitalien
haben es diejenigen zu thun, welche den
Anbau oder die Verbesserung der Ländes-
reien, der Bergwerke und der Fischerey,
als der einzigen Quellen aller rohen Produkte, unternehmen; mit der zweiten die
Manufakturisten und Fabrikanten; mit der
dritten die Großhändler und mit der vierten
die Kleinhändler oder Krämer. Würde
kein Kapital auf die Erzielung roher Produkte verwendet, so könnte es auch weder
Manufakturen und Fabriken, noch Groß-
und Kleinhändler geben. Gäbe es zwar
rohe Produkte, man wendete aber nichts
auf die Verarbeitung solcher, die, um zum

Gebrauch und zur Consumtion tauglich zu
werden, vieler Zubereitung bedürfen, so
würde sich auch niemand auf den Anbau und
die Erzielung solcher Gattungen roher Pro=
dukte legen, und selbst ihre freiwillige Er=
zeugung durch die Natur vergeblich seyn,
weil sie niemand in ihrem nach rohen Zu=
stande brauchen könnte, und der Groß= und
Kleinhandel mit denselben würde abermals
wegfallen. Würde nichts auf die Ausfüh=
rung roher und verarbeiteter Produkte aus
Gegenden, die daran einen Ueberfluß ha=
ben, in solche, die daran Mangel leiden,
verwendet, so würde von dergleichen Pro=
dukten nicht mehr gebauet und verarbeitet
werden, als zur eigenen Konsumtion der
Bewohner dieser Gegend erforderlich wäre;
aller Großhandel mit solchen Produkten wür=
de wegfallen, und das von dem Landmann
und Manufakturisten auf die Hervorbringung
einer größern Quantität, und die Vered=
lung und Verarbeitung dieser Produkte ver=
wendete Kapital ohne Nutzen und verschweu=
det und alle Industrie in ihrer Wurzel ver=
nichtet seyn. Würde endlich kein Kapital dar=

auf verwendet, um mit den rohen und verar=
beiteten Materialien im Kleinen Handel zu
treiben, so wäre jedermann genöthiget, das=
jenige Produkt, dessen er nur in kleiner Quan=
tität bedürfte, in großen Quantitäten einzu=
kaufen. Dem Reichen würde dieses in man=
chen Rücksichten, z. B. der Aufbewahrung,
der Verderbniß u. dergl. beschwerlich, noch
beschwerlicher aber dem Armen seyn, des=
sen geringes Einkommen nicht so beschaffen
ist, daß er sich davon mehrere Artikel, die
für ihn ein nothwendiges Bedürfniß sind,
in großen Vorräthen anschaffen könnte.
Man sieht hieraus, daß so, wie eines die=
ser vier Räder in Stocken gebracht wird,
dieses auch den Stillstand der übrigen un=
mittelbar und unvermeidlich nach sich zie=
hen, und zuletzt den Verfall der drey Quel=
len, aus welchen ursprünglich alle Produk=
te, mit welchen sich der Kunstfleis beschäf=
tiget, fließen, nothwendig bewürken muß;
Da das Kapital, welches auf irgend eine
der vier produktiven Unternehmungen ver=
wendet ist, sobald diese gehemmt und ver=
nichtet wird, verloren geht, und die zu

einer der vier produktiven Arbeiten gehörigen Unternehmer um so unvermeidlicher
auch die zu den übrigen drey Klaffen gehörigen, mit in ihren Ruin ziehen, als das
Kapital und der Gewinn der einen Klaffe
immer mit dem Kapital und Gewinn der
übrigen Klaffen in genauer Verbindung steht,
und keiner davon einen Vortheil ziehen kann,
ohne daß der, aus deffen Händen er das
Produkt zur weitern Verarbeitung und Ver-
breitung erhalten hat, zuvor von ihm den
seinigen empfangen hätte. Denn das Kapital des Kleinhändlers muß dem Groffirer
das Kapital nebst einem Gewinn wieder er-
fetzen; das Kapital des Groffirers erstattet
dem Manufakturisten und dem Landmanne
ihre Kapitalien nebst einem Gewinn, und
der Manufakturist und Fabrikant giebt dem
Landbau, dem Bergbau und den Fische-
reien ihre Kapitalien mit Gewinn wieder
zurück. Wenn also eines dieser produktiven Gewerbe in der Betreibung deffelben
dergestalt eingeschränkt würde, daß es nun
sein Kapital gar nicht mehr benutzen könnte, so würde auch den übrigen dadurch in

der Benutzung des ihrigen Abbruch gesche=
hen. So bald z. B. die Ein= oder Aus=
führung einer Manufakturwaare, auf de=
ren Verfertigung und Vertreibung ein an=
sehnliches Kapital verwendet worden, ver=
boten würde, so bald würde, nebst dem
Fabrikanten selbst, auch der Gros= und
Kleinhändler, die einen Theil ihres Kapi=
tals in Vorräthe von dieser Waare gesteckt
haben, und derjenige, aus dessen Händen
der Fabrikant das von ihm verarbeitete rohe
Material dieser Waare erhalten hat, da=
durch, daß ihm nun dasselbe liegen bleibt,
oder daß er es verschleudern muß, Scha=
den leiden, und sowohl den erwarteten Ge=
winn, als auch zugleich einen Theil des
Kapitals selbst, verlieren, und der Darlei=
her des letztern in Ansehung desselben und
der Zinsen gefährdet werden.

Alle Unternehmungen von Seiten der
höchsten Gewalt eines Staates, die den
Kapitalisten beschwerlich und schädlich sind,
können solches entweder direkt oder indirekt
seyn. Direkt: durch Auflagen auf Zin=

fen von Kapitalien; durch gesetzliche Bestimmungen der Zinsen; und durch willkührliche Erhöhung des Nominalwerths des
Geldes. Indirekt: durch alles, was
die volle Freiheit der Industrie und des
Handels einschränkt.

Durch Auflagen auf Zinsen
von Kapitalien. Es läßt sich nie mit
Zuverlässigkeit ausmitteln, wie viel jemand
an Kapitalien besitzt und an Zinsen jährlich
einzunehmen hat; auch verändert sich der
Bestand der Kapitalien alle Augenblicke so,
daß eine Untersuchung der Privatumstände
eines jeden, und noch dazu eine Untersuchung, die, um die Auflage denselben gemäß einzurichten, über alle schwankenden
Veränderungen seines Vermögens wachte,
eine Quelle so unaufhörlicher Plackereien
seyn würde, daß kein Volk sie ertragen
könnte. Hiernächst veranlassen dergleichen
Taxen auf Kapitalien und die mit der Untersuchung des Vermögens der Privatpersonen verknüpften Plackereien die Eigner
der Kapitalien, dieselben in andere Länder
zu ziehen, wo sie ihre Geschäfte ruhiger und

gemächlicher treiben und ihr Vermögen ge=
nießen können; welches die unausbleibliche
Folge hat, daß dem Gewerbfleiß verhält=
nißmäßig so viel entzogen wird, als er mit=
telst Anwendung des nun verlohrenen Kapi=
tals gewinnen konnte. Kapitalien bauen
das Land und beschäftigen die Arbeiter.
Eine Taxe, welche die Kapitalien aus ei=
nem Lande vertriebe, würde auch in so fern
jede Quelle von Einkünften, sowol für den
Landesherrn als für die Gesellschaft, ver=
stopfen. Durch das Wegziehen der Kapi=
talien würden nicht nur die Gewinnste an
denselben, sondern auch die Landreute und
der Arbeitslohn mehr oder weniger ge=
schwächt und vermindert werden *).

Eben so wenig lassen sich auch die Ein=
künfte von geliehenen Kapitalien mit Taxen
belegen, ohne Verwirrung in allen Theilen
der Staatswirthschaft anzurichten. Wer

---

*) S. Adam Smiths Unters. der Na=
tur und Ursachen von Nationalreichthü=
mern, Leipzig 1778. Zweiter Band,
S. 573. ff.

ein erborgtes Kapital zu irgend einem pro=
duktiven Gewerbe anwendet, muß, um
dieses Gewerbe ferner mit Nutzen fortsetzen
zu können, durch diese Anwendung so viel
erwerben, daß er von den Einkünften von
diesem erborgten Kapitale nicht allein die
jährlichen Zinsen bezahlen kann, sondern
auch noch zur Fortsetzung seines Gewerbes
und zur dereinstigen Abtragung des Kapi=
tals selbst, noch einen Ueberschuß erübriget.
Da Taxen nur vom reinen Gewinn ent=
richtet werden, so versteht es sich von selbst,
daß sich auch dergleichen nicht auf Zinsen
legen lassen, die man bezahlen muß; denn
diese sind nicht für den Schuldner, sondern
nur für den Gläubiger ein reiner Gewinn.
Aber auch von dem nach Abzug der bezahl=
ten Zinsen bleibenden Ueberschusse des Ein=
kommens von dem erborgten Kapital, wird
dem Schuldner desselben keine Taxentrich=
tung zugemuthet werden können; weil man
ihn sonst der Mittel, sein Gewerbe ohne
seinen Schaden fortzusetzen und sich dereinst
der Last des Kapitals zu entledigen, so wie
auch eines Theils der in den meisten Fäl=

len ohnehin schon sehr mäßigen Vergütung
der Sorge und Mühe, die ihm die Benutzung des Kapitals kostete, berauben
würde. Ueberdies wird er auch noch immer einen Ausweg finden, das, was ihm
zugedacht war, auf Anderer Schultern zu
legen. Denn wenn man die Aufnehmer
der Kapitalien taxirt, so werden sie entweder diese auf die Zinsen schlagen, und folglich geringere Zinéquanta verwilligen, die
die Kapitalisten anzunehmen sich nicht wei-
gern können, wenn sie anders ihre Kapitalien nicht ganz müßig liegen lassen wollen; ob sie gleich dadurch in einen geringern Zustand ihres Vermogens gesetzt werden; oder sie erhöhen verhältnißmäßig ihr
Einkommen. Sind es nun solche, die
die erborgten Kapitalien zur Landwirthschaft
verwenden, so werden sie um so weniger an
Pachtzins bezahlen, als zur Entrichtung
der Taxe erforderlich ist, und diese also
dem Eigenthümer des Guths zuschieben.
Wird das erborgte Kapital zu Manufakturen und zum Handel angewandt; so erhöhet der Manufakturist, Kaufmann und

Krämer den Preis seiner Waaren; die Laſt
der Auflage fällt alſo auf die Abnehmer
und Conſumenten derſelben, welches gar
leicht dem inländiſchen Handel und den
Manufakturen, wenn die Käufer dadurch
einen wohlfeilern Markt zu ſuchen veranlaßt
werden, zum großen Nachtheile gereichen
kann.

Hiernächſt iſt es den Kapitaliſten ſchädlich, wenn die Geſetze die Zinſen
beſtimmen. Der Zinsfuß wird natürlich beſtimmt, durch die Quantität der in
einem Lande befindlichen auszuleihenden Kapitalien, ingleichen durch die Konkurrenz derer, welche Kapitalien gegen Zinſen verleihen,
und derer, welche ſie gegen Zinſen aufnehmen wollen. In eben dem Verhältniſſe,
wie ſich die Kapitalien, von welcher Art ſie
ſeyn mögen, in einem Lande durch Fleiß
und Sparſamkeit, überhaupt vermehren,
vermehren ſich auch diejenigen, welche gegen Intereſſen verliehen werden. Sind in
einem Lande ſchon viele Kapitalien angewendet worden, ſo iſt auch die Konkurrenz
derer, die ſie angewandt haben, und einen

Gewinn daraus ziehen wollen, größer, mithin dieser ihr Gewinn geringer; sie können also auch weniger Zins bezahlen, als wenn sie bey geringerer Konkurrenz mehr gewönnen.

Ist das Quantum dessen, was zu borgen verlangt wird, mithin die Konkurrenz der Darleiher stärker als die der Abnehmer, so ist auch der Zinsfuß um so viel geringer, als die Summe der verzinslich auszuleihenden Kapitalien von derjenigen, welche davon zu borgen begehrt wird, differirt. Ist hingegen die Summe des zu Borgenden größer als die des Auszuleihenden, so wachsen auch die Zinsen nach dem Maaße der Differenz zwischen beiden Summen. Man sieht geminiglich die Kapitalisten, die von ihrer Geldrente leben, als Schwämme an, die das Mark des Landes einsaugen, ohne es wieder von sich zu geben; man irrt sich aber, wie aus dem bisher Angeführten erhellet. Wenn sie so schädlich seyn sollten, wie vorgegeben wird, so müßte man sie zu Grunde richten; das könnte aber auf keine andere Art geschehen, als wenn man alle

Induſtrie vernichtete; denn da brauchte
man kein Kapital weiter anzuwenden, folg;
lich auch diejenigen, die man zu dieſem
Zweck erborgen müßte, nicht zu verinter;
eſſiren; ſo wären aber alle produktiven Ge;
werbe zugleich mit in den Ruin der Kapita;
liſten gezogen, und der ganze Reichthum
des Landes in ſeiner Wurzel ausgerottet.
Es ergiebt ſich hieraus, daß die Regierun;
gen den Kapitaliſten gleichen Schutz und
gleiche Unterſtützung mit den produktiven
Gewerben angedeihen laſſen, und ſo wie
dieſen, auch jenen eine vollkommene Frei;
heit, ihr Kapital auf die ihnen vortheilhaf;
teſte Weiſe anzulegen, verſtatten müſſen.
Dieſem Grundſatze der Staatswirthſchaft
zufolge, ſollten ſich alſo auch die Regierun;
gen gar nicht in die Beſtimmung der Zin;
ſen von den zu verleihenden Kapitalien mi;
ſchen, da ſich dieſe aus der Konkurrenz der
Kapitaliſten und der Anleiher von ſelbſt be;
ſtimmen, und jene geſetzliche Beſtimmung
ein Eingriff in das Eigenthumsrecht der Un;
terthanen iſt. So wenig die Regierung
Natur; oder Kunſtprodukten einen Preis

feſtſetzen kann, ſo wenig kann ſie auch den
Preis oder Werth der Kapitalien beſtimmen. Seit der Einführung der Handwerksinnungen ſehen ſich die Regierungen freilich genöthiget, den verarbeiteten
Produkten derſelben die Taxen vorzuſchrei-
ben, um das Publikum nicht von der geheimen Verabredung der Innungsgenoſſen
in Anſehung des Preiſes der erſten Bedürfniſſe unter ſich, abhängig zu machen. Dieſe Dazwiſchentretung der Regierungen gründet ſich aber lediglich auf einen Mißbrauch,
der in dem Daſeyn der Innungen liegt,
und dadurch unſchädlich gemacht werden ſoll.
Ein ſolcher Mißbrauch findet aber bey den
Kapitaliſten nicht Statt, da dieſe in keine
Innungen vereiniget ſind, mithin auch in
dieſer Rückſicht das Publikum des Einfluſ-
ſes der Regierungen in ſeine Verhältniſſe
mit den Kapitaliſten nicht bedarf. Die
Regierungen haben eigentlich auch gar keinen rechtlichen Grund, den Werth der Kapitalien oder den Zinsfuß feſtzuſetzen. Denn
in wiefern es von der Willkühr des Kapitaliſten abhängt, ſein Kapital für dieſe oder

jene Zinſen auszuleihen, kann er nicht ge=
zwungen werden, es für geringere Zinſen,
als er verlangt, zu verleihen. Geſchieht
es gleichwohl, verwilliget ihm das Geſetz
weniger, als er verlangt, ſo iſt dieſes Ver=
fahren ganz willführlich, da nach dem natür=
lichen Rechte ein jeder den vortheilhafteſten
Gebrauch von ſeinem Vermögen zu machen
befugt iſt, und die poſitiven Geſetze keine
Rechte eines Bürgers einſchränken können,
durch deren Gebrauch die Rechte der übrigen
nicht gekränkt werden. Außerdem iſt jenes
Verfahren auch unpolitiſch; denn der Kapi=
taliſt, der ſich in der vortheilhafteſten An=
wendung ſeines Kapitals eingeſchränkt ſieht,
wird ſein Kapital in das Ausland ziehen,
wo er freier damit handeln kann. Die Re=
gierung entziehet alſo durch ihr willführli=
ches Verfahren dem Lande das Mittel, die
produktiven Arbeiten zu vervollkommnen,
und mit ihnen zugleich den Reichthum des
Landes zu vermehren. Die Beſtimmung
des Zinsfußes hängt aber ſo lange von der
Willkühr der Kapitaliſten ab, als die Nach=
frage nach Kapitalien, die man borgen will

ul=

ungleich stärker ist, als die Quantität der
Kapitalien, die zu verleihen sind. Da nun
der allgemeine Grundsatz, daß jedem Unter:
than, die Früchte seines Fleißes und seiner
Sparsamkeit auf das vortheilhafteste anzu:
wenden frey stehen muß, auch von den
Kapitalisten gilt, so muß er auch sein Ka:
pital so hoch ausleihen können, als es die
jedesmalige Beschaffenheit der Konkurrenz
derer, welche gegen Zinsen ausleihen, und
derer, welche sie borgen wollen, verstattet;
und zwar um so mehr, als die Regierung
ohnehin kein Maximum der Zinsen bestim:
men kann, über welches hinaus kein Kapi:
tal verliehen werden soll; indem die Pro:
portion der Summe des im Lande zu ver:
leihenden und des zu leihenden Kapitals alle
Augenblicke abwechselt, und also kein halt:
barer Punkt vorhanden ist, den die Regie:
rung zur Vorausbestimmung des Maxi:
mums auf alle kommende Fälle, die, so
wie sich jene Proportion verändert, auch
wieder eines veränderten Maximums be:
dürfen, ergreifen und festhalten könnte.
Hängt hingegen die Bestimmung des Zins:

fußes

fußes nicht von der Willkühr der Kapitali=
sten, sondern von der Konkurrenz der Ka=
pitalien, die zu verleihen sind, in wiefern
sie ungleich größer ist, als die Summe der
zu leihenden Kapitalien, ab; so ist die ge=
setzliche Bestimmung des Zinsfußes vergeb=
lich; weil alsbann der Werth der Kapita=
lien von selbst fällt und unter das gesetzliche
Maximum, das, wenn es seinen Zweck,
den Erpressungen des Wuchers vorzubeu=
gen und dabey doch auch den Kapitalisten
nicht zu nöthigen, sein Geld unter dem Wer=
the seines Gebrauchs auszuleihen, errei=
chen soll, etwas über den niedrigsten Markts
preis bestimmt seyn muß, herabsinkt.

**Durch Erhöhung des positi=
ven Werthes des Geldes.** Gold=
und Silbermünzen, so wie überhaupt alles
geprägte Metall oder Geld, hat einen dop=
pelten Werth: einen relativen, d. i.
einen solchen, der durch das Verhältniß
seines Vorraths zu der Quantität der Arbeit
oder Güter, die man damit kaufen kann,
bestimmt wird; und einen positiven oder
K

Nominalwerth, d. i. einen solchen,
der blos von dem innern Gehalt und Gepräge der einzelnen Stücke und dem Ver-
hältniße dieser Stücke von einem Metalle
(z. B. des Goldes) gegen Stücke von anderm Metalle (z. B. des Silbers) abhängt. Von diesen zwey Arten des Werthes
ist die erstere steten Veränderungen unterworfen, und er richtet sich nach der größern
oder geringern Konkurrenz der Arbeiter,
deren die produktiven Klassen bedürfen; und
der natürlichen und verarbeiteten Produkte
derselben, in Verbindung mit dem größern
oder geringern Vorrathe des Geldes. Die
Veränderung dieses Werthes des Geldes
hat auf den Kapitalisten keinen Einfluß.
Denn entweder ist der Vorrath des auszuleihenden Kapitals in einem Lande groß,
oder er ist nur gering. Im erstern Falle
ist auch die Konkurrenz der Kapitalisten größer, und sie sind genöthiget, ihre Kapitalien für geringere Zinsen zu verleihen; im
andern hingegen ist ihre Konkurrenz klein,
mithin ihr Zinsfuß größer. Werden, bey
einem großen Vorrathe von Kapitalien, auch,

wie natürlich ist, mehrere derselben zu produktiven Arbeiten angewendet, so sind auch die Waaren wohlfeiler, folglich verliert auch der Kapitalist, durch den geringen Zinsfuß, mit welchem er sich begnügen muß, nichts, und die Folgen der Theurung der ersten Bedürfnisse, die aus andern äußerlichen Naturereignissen entstehen, trägt er nicht allein ohne seine oder irgend eines Menschen freiwillige Mitwirkung, sondern er kann sich seines Verlustes auch wieder, wenigstens zum Theil, dadurch erhohlen, daß sich die durch den allgemeinen Mißwachs in Verlust gesetzten Landleute genöthiget sehen, Kapitalien aufzunehmen, die Konkurrenz der Kapitalisten dadurch verkleinert, und folglich der Zinsfuß derselben erhöhet wird: Ein großer Kapitalienvorrath, bey wenig produktiver Arbeit und Industrie, ist entweder in so ferne denkbar, in wiefern Geldkapitalien nur durch produktive Arbeiten erworben werden; oder wenn Geldkapitalien auf andern Glücksmwegen erlangt sind, so wird der Kapitalist, bey der geringen Konkurrenz derer, die sie zu produk-

tiven Arbeiten anwenden könnten, um sie
nicht unbenutzt zu laffen, selbst produktive
Arbeiten zu unternehmen genöthiget seyn.
Ist der Vorrath der Kapitalien gering und
der produktiven Arbeit wenig, so wird der
Schade, der aus dem höhern Preise der
letztern entsteht, dem Kapitalisten wieder
durch den höhern Zinsfuß vergütet, oder,
wenn er sein Kapital noch vortheilhafter
nutzen zu können glaubt, so ist es seine eigene Schuld, wenn er es zu diesem Zwecke
nicht auf eigene produktive Unternehmungen
verwendet. Wären die Natur- und verarbeiteten Produkte in einem geldarmen Lande, im Verhältniß mit der Quantität des
cirkulirenden Geldes wohlfeil, welches jedoch widersprechend ist, so würde der Kapitalist auch in diesem Falle keinen Nachtheil
leiden. Da auf solche Art der reale Werth
des Geldes mit dem Werthe der Waaren
entweder im Gleichgewichte, oder es doch
in des Kapitalisten Macht steht, den Schaden, der für ihn aus der Disproportion
des Geld- und Waarenwerthes erwachsen
kann, auf eine andere durch die Anwen-

dung seines Kapitals bestimmte Art, wieder gut zu machen; so wird nur die Veränderung des positiven oder Nominalwerths
des Geldes einen nachtheiligen Einfluß,
ohne sein Zuthun oder Verschulden, haben
können.

Der Nominalwerth der Münzen, besonders der harten Sorten, sollte dem innern Werthe der Münzen gleich, und also
auch, so wie dieser, immer unveränderlich
seyn, so sehr sie sich auch vermehren oder
vermindern möchten; denn ihre Vermehrung und Verminderung kann nur ihren relativen Werth, in so fern, als für dieselben Produkte entweder ein geringeres oder
größeres Quantum an Münzen bezahlt werden muß, verringern oder erhöhen. Was
nun zuvörderst die gesetzliche Erhöhung des
Nominalwerthes der Gold- und Silbermünzen betrifft, die etwa eine Regierung
mit den von ihr geprägten Münzen vor-
nimmt, so kann dieses Verfahren, der
Proceß mag auf diese oder jene Art geführet worden seyn, dem Kapitalisten, der
sich in dem Besitz eines Vorrathes solcher

Münzen befindet, gar nicht vortheilhaft
seyn, sondern er ist ihm vielmehr nachthei=
lig. Nicht vortheilhaft; denn ein=
mal werden ihm Kapital und Interessen
von seinem Schuldner in derselben Münze
wiederbezahlt, und dann muß er die Waa=
ren, die er dafür einkauft, in dem Ver=
hältnisse theurer bezahlen, als der Münze
an innerm eigentlichen Werthe abgeht; weil
der Ausländer, der mit dem inländischen
Kaufmanne im Verkehr steht, dergleichen
Geldsorten nur nach ihrem innern Werth
annimmt, oder dieselben, als eine betrüg=
liche Waare, wieder ihren Weg in das
Land, aus welchem sie gekommen sind, zu=
rücknehmen läßt; der inländische Fabrikant,
Kaufmann und Krämer also durch einen
Aufschlag auf seine Waaren sich seines aus
der Anwendung solcher Kapitale in seinem
Gewerbe oder Handel entstandenen Scha=
dens zu erhohlen suchen muß. Schäd=
lich sogar ist ihm eine solche Erhöhung.
Denn da er einmal in dem Besitze solcher
Münzvorräthe ist, und diese, in wiefern
er bloßer Kapitalist ist, nicht anders, als

daß er sie gegen Zinsen ausleiht, anwenden kann, folglich sie immer in der Art, wie sie sind, und in dem Werthe, wie er sie ausgeliehen hat, zurück erhält; so muß er am Ende, da dergleichen über ihren innern Werth ausgeprägte Münzen außer Kurs kommen, und auf ihren wahren Werth herabgesetzt werden müssen, so viel daran verlieren, als sie weniger werth find. Und so ist es auch in dem Falle, wenn der bisherige Nominalwerth einer groben Gold- und Silbermünze, die bisher im Gange war, herabgesetzt wird. In einem Lande, wo diese oder jene Münze anfänglich, z. B. um ⅛ oder ⅞ höher ausgeprägt worden, als ihr innerer Werth beträgt, muß dieselbe auch von allen Inländern, die aus den öffentlichen Kassen dieses Landes Bezahlung erhalten, angenommen werden. In kurzer Zeit kömmt sie im Lande in Umlauf, ehe das Publikum erfährt, daß die Münze um so viel geringer sey, als sie ausgeprägt ist. Alle diejenigen, in deren Privatkassen Vorräthe davon geflossen sind, und besonders die Kapitalisten, die kein produktives Ge-

werbe treiben, müssen diese Vorräthe, so
wie sie solche nach ihrem ursprünglichen No-
minalwerthe erhalten haben, behalten, und
können den Verlust, den sie durch die über
kurz oder lang erfolgende Herabsetzung er-
leiden, durch nichts ersetzen.

Indirekt wird endlich jede Unter-
nehmung der Regierung, jede Einrichtung
in der bürgerlichen Gesellschaft, den Kapitalisten nachtheilig, die die volle Freiheit der
Industrie und des Handels der Unterthanen einschränkt und stört. Je geringer das
Quantum der Kapitalien überhaupt ist, das
jährlich zu produktiven Arbeiten in einem
Lande verwendet wird, desto weniger werden auch verzinsliche Kapitalien abgesetzt,
und desto mehr bleiben also auch Kapitalien
unbenutzt in den Händen der Kapitalisten.
Sind der Kapitalisten in einem Lande, aber
auch der produktiven Arbeiter, die des Geldes derselben bedürfen, wenige, so wird der
Vortheil, den die erstern aus ihren Kapitalien ziehen, auch verhältnißmäßig gering
seyn. Viele Kapitalisten, bey wenig pro-

duktiven Arbeiten, verderben sich selbst den
Handel; wo hingegen eine große Anzahl
produktiver Arbeiter verzinslicher Kapitalien bedarf, weil es ihnen leicht ist, aus
der Anlegung derselben einen Gewinn zu
ziehen, da wird auch die Konkurrenz der
Kapitalisten, die von ihren Geldrenten leben, nie so stark seyn, daß nicht jeder sein
Kapital mit Vortheil sollte benutzen können.
Nicht daß ein großer Geldvorrath in den
Händen einiger oder mehrerer Personen in
einem Lande vorhanden ist, sondern die Anwendung dieses Vorraths zu produktiven
Arbeiten, der Werth, der ihm dadurch hin-
zugesetzt wird, und der schnelle durch Industrie bewürkte Umlauf desselben aus einer
Hand in die andere, macht den Reichthum
des Landes aus; ja, selbst die Besitzer dieser Vorräthe sind so lange nicht reich zu nennen, als sie sich außer Stande befinden, dieselben entweder selbst zu produktiven Arbeiten anzuwenden, oder durch andere anwenden zu lassen, und auf diesem Wege sich die
Anschaffung alles dessen, was sie bedürfen
mögen, möglich zu machen und zu erleichtern.

Es giebt viererley Klaſſen produktiver Beſchäftigungen; 1) die Hervorbringung und Emporbringung aller rohen Produkte, die der Landbau und die mit derſelben ver- knüpfte Landwirthſchaft, der Bergbau, und die Fiſcherey gewähren; 2) die Verarbei- tung dieſer rohen Produkte; 3) der Groß- handel mit den rohen und verarbeiteten Pro- dukten; und 4) der Kleinhandel mit den- ſelben. Zum Anfange ſowohl als zur Fort- ſetzung und Erweiterung jeder dieſer pro- duktiven Arbeiten braucht der Unternehmer ein Kapital, es mag nun von ihm ſelbſt erſt auf andere Weiſe erworben, oder geborgt ſeyn. Das verhältnißmäßig größte Kapi- tal erfordert die genannte erſte Klaſſe, die auch die mehrſten Menſchen beſchäftigt, und eben deswegen auch, da die Arbeit derſel- ben aus den durch ſie erzeugten Produkten vergütet werden muß, dieſen Produkten den verhältnißmäßig größten Werth hinzu- ſetzt. Weniger groß iſt das Kapital, das in der Anlegung, Fortſetzung und Erwei- terung der Manufakturen und Fabriken, die ſich mit der Verarbeitung der rohen Mate-

rialien der vorigen Klasse bis zum Verbrauch
abgeben, steckt; sie beschäftigen auch verhältnißmäßig wenigere Hände, und setzen
auch ihren Produkten um deswillen einen
geringern Werth hinzu; und so vermindert
sich auch bey den übrigen produktiven Klassen das Verhältniß der Größe des Kapitals, das in ihrem Handel liegt, der Anzahl der Arbeiter, die sie beschäftigen, und
des Werths, den sie den Produkten der
vorigen beiden Klassen hinzufügen. So
verschieden aber das Verhältniß zwischen
diesen vier hervorbringenden Klassen in den
bemerkten Rücksichten seyn mag, so stehn
sie doch alle unter einander in einer so ge-
nauen Beziehung und Verbindung, daß
alle Schicksale, die die eine treffen, auch
von den übrigen mit empfunden werden,
unter der Einschränkung und Hemmung der
Freiheit des Verkehrs der einen, auch der Verkehr der übrigen leidet, und alles was den
Würkungskreis der einen einengt, auch den
Würkungskreis der andern in engere Grenzen
bringt. Die Lähmung der Thätigkeit der
einen, zieht die Verminderung der Thä-

tigkeit der übrigen in gleichem Maaße nach
sich; und natürlich muß auch das, was die
größere Ausdehnung der produktiven Be=
schäftigungen unmöglich macht, was sie nie=
derhält, drückt und in enge Schranken
zwingt, auch auf den aus der Anwendung
des Kapitals zu ziehenden Vortheil einen
mächtigen Einfluß haben. Wo der, der
Lust zu irgend einer produktiven Unterneh=
mung hätte, durch Hindernisse, die ihm
politische Verfassungen, Einrichtungen, Ge=
setze, Monopolien ꝛc. in den Weg stellen, sich
zurückgeschreckt sieht, oder wo er zum Vor=
aus sieht, daß der Nutzen, den er aus die=
ser oder jener Art des Gewerbes ziehen kann,
der Gefahr, Sorge und Arbeit, die er da=
bey unternimmt, wenig oder gar nicht ent=
spricht, da wird er auch keinen Reiz haben,
ein Kapital anzuwenden, und am wenig=
sten es gegen Zinsen borgen; wer es der
Mühe nicht werth hält, sich mit einem un=
fruchtbaren Gewerbe ferner zu beschäftigen,
wird das dazu erborgte Kapital wieder zu=
rückerstatten; bey denen, die es noch bei=
behalten, wird die Sicherheit des Darlei=

hers verhältnißmäßig abnehmen, und der
Kapitalist, wenn er sein Kapital nicht sicher
unterzubringen weiß, entweder damit ins
Ausland zu ziehen, oder es auf Gerathe-
wohl an Verschwender und Projektenma-
cher zu verleihen genöthiget seyn.

***

Wenn dem Kaiser und Reiche das Recht
zusteht, und die Pflicht obliegt, die höchste
Aufsicht darüber zu führen, daß die mittelbaren Reichsunterthanen von ihren Regenten nicht willkührlich und ohne ihren Willen besteuert werden, so sind sie auch berechtiget und verpflichtet, dafür zu sorgen,
daß den Unterthanen zur leichten und bequemen Entrichtung der verwilligten Abgaben, mithin zur leichten Anschaffung der
Mittel ihrer Subsistenz und zur freien Treibung ihres Gewerbes, Handels und Wandels, kein Hinderniß in den Weg gelegt,
sondern ihnen auch hierzu aller mögliche Vor-
schub gethan werde. Da nun unter denen,
die sich ein Einkommen erwerben, auch die
Kapitalisten, als eine auf die Beförderung
und Aufnahme der produktiven Arbeiten

großen Einfluß habende Klaſſe mit begrif=
fen ſind, ſo iſt das Recht und die Pflicht
des Kaiſers und Reichs, auch dieſe in der
Art, wie ſie ſich durch Anwendung ihres
Kapitals ein Einkommen verſchaffen, nicht
ſtören zu laſſen, ſondern ihnen hierunter
vielmehr beförderlich zu ſeyn, außer Zwei=
fel. Von dieſem Rechte und dieſer Pflicht
iſt aber von Seiten des Reichs nicht immer
der richtige Gebrauch gemacht worden.

So lange das Geld in den mittlern
Zeiten Deutſchlands noch ſelten war, konn=
te freilich von Zinſen für ausgeliehene Ka=
patalien noch nicht die Rede ſeyn. Nach=
dem auch unter Otto I. im 10ten Jahr=
hunderte durch die Entdeckung der Bergwer=
ke auf dem Harze ſich der Vorrath des Gel=
des in Deutſchland vermehrt hatte, ward
gleichwohl die Verleihung des Geldes ge=
gen Zinſen, aus Mißverſtand einer Stelle
in den Moſaiſchen Schriften, durch die in
Deutſchland angenommenen Geſetze für un=
erlaubt gehalten und als dem göttlichen Ge=
ſetze zuwider, wiewohl mit einer ſeltſamen
Ausnahme der Lombarden und Juden,

ſtrenge verboten. Die Natur behauptete
jedoch in Kurzem, ihr Recht gegen einen ſo
unnatürlichen Zwang; das päbſtliche Verbot fieng allmählig an, in Abnahme, und
zuletzt ganz in Vergeſſenheit zu gerathen.
In welchem Zuſtande damals Ackerbau,
Handel, Künſte und Gewerbe in Deutſchland geweſen ſeyn mögen, und wie es um
den Gebrauch der natürlichen und unein-
ſchränkbaren Rechte der Deutſchen Unterthanen ausgeſehen haben mag, läßt ſich
leicht begreifen. Da außer Juden niemand
Geld auf Zinſen verleihen durfte, ohne ſich
der härteſten Kirchenſtrafe auszuſetzen, ſo
konnte auch von keinem ein Grundſtück er-
kauft, ein Gewerbe angefangen und ein
Handel angelegt werden, der hierzu eines
Geldvorſchuſſes benöthiget, und dafür zur
Sicherheit des Gläubigers ein anſichretiſ-
ſches Unterpfand anzubieten im Stande
war. Der Kreislauf des Geldes war nur
in ſehr enge Grenzen eingeſchloſſen, da der
Geldvorrath aus den Händen derer, bey
welchen er ſich befand — und das war noch
obendrein größtentheils die unproduktive

Geistlichkeit nicht in die Hände unternehs
mender und industriöser, aber geldloser Leus
te, die sich gern geregt hätten, übergehen
konnte. Ueberdieß veranlaßte auch jenes
Verbot der Zinsnehmung für ausgeliehene
Kapitalien die Reichen, dasselbe auf eine
für sie sehr vortheilhafte und für die, die
ihres Geldes bedurften, oft höchst nachthei:
lige Weise zu umgehen. Wer Grundstücke
besaß, aber ein Kapital brauchte, mußte
ein solches, das ohngefähr so viel, oder
auch wol noch mehr werth war, als die ihm
vorgeschoffene Summe, seinem Gläubiger
käuflich überlassen, jedoch so, daß jener
sein Grundstück in der Nutzung behielt, und
diesem nur einen Theil des Kapitals, gleich:
sam als Zins zur Anerkennung seines Ober:
eigenthums, zu entrichten hatte. Späs
terhin, nämlich im 13ten Jahrhundert,
war dieses Recognitionsquantum, auf zehn
vom Hundert bestimmt, d. i. eben so hoch,
als nach dem §. 26. des Landfriedens des
Rheinischen Bundes, die Juden Zinsen von
ausgeliehenen Kapitalien nehmen durften.
Oder man verband diesen Kontrakt auch mit
dem

dem Lehnsvertrage, so daß er entweder dem,
der ihm solches darlieh, dafür sein Allod
als ein Lehn übertrug, und ihm, zur Si=
cherheit seines Kapitals, die Benutzung des=
selben, bis zur Abtragung des Kapitals,
überließ; oder, daß, wenn der Lehnsherr
von seinem Vasallen ein Kapital erhielt,
jener diesem sein eigenthümliches Grund=
stück als nutzbares Eigenthum übergab, und
demselben zugleich lehnspflichtig wurde.
Oder, wer eines Kapitals benöthiget war,
kaufte zum Scheine von einem Kaufmanne,
der ihm solches vorschießen wollte, eine
Quantität von Waaren, für einen hohen
Preis, und verkaufte sie demselben, ent=
weder unmittelbar oder mittelbar, durch
einen andern, um einen geringern Preis
wieder, so, daß auf diese Art das, was
eigentlich Leihkontrakt war, in einen Kauf=
kontrakt verwandelt, und der Schuldner
als Käufer und Verkäufer übervortheilt
wurde. Er hatte durch den Wiederverkauf
der Waaren nur eine geringe Summe er=
halten, und war dem Kaufmanne durch den
Abkauf der Waaren für eine größere ver=

L

haftet; er verlor also an dem geliehenen
Kapitale so viel, als er durch den Wieder:
verkauf der Waaren von seinem Gläubiger
weniger erhalten hatte, und das rechnete
der Kaufmann statt der Zinsen.

Da sich das Gesetz, von ausgeliehenem
Gelde keine Zinsen zu nehmen, nicht schützen
konnte, so ließ man es fahren, und hob es
sogar indirekt durch eine gesetzliche Bestim:
mung der Zinsen im 16ten Jahrhundert
auf*). Lange vor dieser Zeit, und vom
11ten Jahrhundert an, scheinen 10 Pro:
cent die gesetliche Summe gewesen zu seyn,
die der Gläubiger zu nehmen berechtiget
war, da man das die Zinssumme bestim:
mende Gesetz, das anfänglich blos für die
Juden galt, zuletzt, als das Verbot der
Zinsnehmung von selbst seine Wirkung ver:
loren hatte, auch auf die christlichen Gläu:
biger höchst wahrscheinlich ausgedehnt, und
in den Gerichten nach der Analogie dessel:

---

*) Reichspolizeiordn. von 1548. t. 17. §. 8.
1577. t. 17. §. 9. Rec. deput. de 1600.
§. 139 und 52. Reichsabsch. von 1654.
§. 174.

ben gesprochen haben mag. Als sich später=
hin der Vorrath des Geldes, und folglich
auch die Konkurrenz der Geldverleiher in
Deutschland noch mehr vermehrte, sank
auch der Marktpreis der Zinsen unter jenen
in den Gerichten gültigen, und das alte
Judenzinsgesetz kam nicht mehr in Anwen=
dung, weil niemand sein Geld für 10
Procent, geschweige denn noch höher un=
terbringen konnte. Es gab also wenige,
oder vielmehr gar keine Wucherer mehr,
gegen die man hätte klagbar werden können.
Gegen die Mitte des 16ten Jahrhunderts
möchte wol der Marktpreis der Zinsen zwi=
schen 6 und 7 von Hundert geschwankt ha=
ben, und auch wol noch manches Kapital
für mehr als 6 Procent verliehen worden
seyn, weil, ohngeachtet des Reichspolizei=
gesetzes von 1548, welches die Zinsen auf
5 von 100 bestimmte, nicht verhindert
werden konnte, daß nicht noch sehr häufig
Kapitalien für 6 Procent und darüber ver=
liehen worden wären. Ohnfehlbar hat man
auch von Reichswegen bey dieser gesetzlichen
Bestimmung nicht den höchsten Marktpreis,

für welchen zu jener Zeit Kapitalien verlie=
hen wurden, auch nicht den mittlern, son=
dern vielmehr den niedrigsten Marktpreis
zur Regel genommen, wie daraus erhellet,
daß sogar noch jetzt, bey einem ungleich grö=
ßern Vorrath an Gelde, 5 und zuweilen
auch 6 Procent nicht so ganz ungewöhnlich
sind, die größere Anzahl von Kapitalien
also zu jener Zeit eben so für 6 bis 7 Pro=
cent ausgeliehen worden seyn mögen, als
sie gegenwärtig zu 4 und 5 von Hundert
ausgeliehen zu werden pflegen. Es ist be=
reits oben angeführt worden, daß, wenn
das Eigenthumsrecht der Kapitalisten nicht
beeinträchtiget werden soll, das Gesetz den
Zinsfuß etwas über den niedrigsten Markt=
preis ansetzen müsse, d. i. etwas höher als
die Zinsen, die von Personen genommen
werden, die für die Wiedererstattung des
Kapitals vollkommene Sicherheit leisten
können. Wer eine solche Sicherheit nicht
leisten kann, muß sich gefallen lassen, hö=
here Zinsen zu verwilligen, um dem Gläu=
biger einigermaßen die Gefahr zu vergüten,
die er durch Verleihung seines Kapitals an

einen nicht genugsam sichern Schuldner,
übernimmt. Geschieht die gesetzliche Be;
stimmung des Zinsfußes auf diese Art, so
wird dadurch die Pflicht der Gerechtigkeit
sowohl gegen Schuldner als gegen Gläubi;
ger erfüllt, und die Rechte der Bürger blei;
ben in denen, die ein Einkommen aus ih;
ren Kapitalien ziehen wollen, nicht minder
als in ehrlichen Leuten, die ohne Anwen;
dung eines Kapitals kein ernährendes und
hervorbringendes Gewerbe anfangen und
unterhalten können, ungekränkt. Denn
der Kapitalist ist durch das Gesetz nicht ein;
geschränkt, in wiefern es den Werth der
Zinsen über den niedrigsten Marktpreis be;
stimmt, und nur auf diesen kann er rech;
nen, wenn er sein Geld ganz sicher unter;
bringen will. Das Gesetz verdirbt ihm auch
den Kauf nicht; denn es setzt den Werth
des Zinsfußes sogar höher an, als ihn die
Konkurrenz der auszuleihenden und gesuch;
ten Kapitalien, d. i. die Natur dieser Art
von Handel selbst, dem Wunsche der voll;
kommensten Sicherheit des Kapitalisten an;
gemessen, bestimmt. Hat er Lust, einen

Theil dieser Sicherheit gegen einen höhern
Zins auf das Spiel zu setzen, so läßt es ihm
auch hierin seine Freiheit, wiewohl es der=
selben, wie Recht ist, gegen die Ungebühr
seiner Forderungen, zur Aufrechthaltung
der Unvermögendern, die auch leben und
sich etwas erwerben wollen, Schranken
setzt; die es übrigens aber auch nicht miß=
billigen können, daß sie von ihrem Gläubi=
ger und selbst durch das Gesetz höher tarirt
werden, da sie den Grad der Sicherheit,
die andere durch ein hinlängliches Unter=
pfand oder durch Gewährschaft reicher und
angesessener Personen leisten, nicht gewäh=
ren können, und die Bedenklichkeit des Dar=
leihers, wegen der möglichen Gefahr des
künftigen Verlustes des Kapitals, sonst
durch nichts, als den erhöheten Zins, ei=
nigermaßen zu heben im Stande sind.

Die höchste gesetzgebende Gewalt im
Deutschen Reiche hat sich seit dem Jahre
1548, wo sie den höchsten erlaubten Zins=
fuß auf 5 von Hundert bestimmte, bis jetzt
nicht weiter um diesen Gegenstand beküm=

mert; und hat dadurch und daß sie den natürlichen Gang des Kapitalienhandels nicht
unterbrochen hat, den Fehler wieder gut
gemacht, der durch Fortsetzung des damals
nach dem niedrigsten Marktpreise bestimmten
gesetzlichen Zinsfußes begangen worden.

Aber jene reichsgesetzliche Bestimmung
des Zinsfußes ist nicht einmal ein Fehler zu
nennen. Denn in den Reichspolizeiord-
nungen von 1530, 1548 und 1577 ist
die Rede eigentlich nur von wiederkäuf-
lichen Zinsen, welches zu jenen Zeiten
die einzige bekannte Art war, sein Geld
auf Interessen auszuleihen, aber nicht von
Zinsen vom Darlehn (mutuo), die
damals noch gar nicht bekannt waren. Nach
diesem Reichsgesetze wurden alle über wiederkäufliche Zinsen geschlossene Kontrakte für wucherlich erklärt, in welchen
mehr als 5 Procent an dergleichen Zinsen
versprochen worden. Als nun in der Folge die eigentlichen, noch heutiges Tages
gebräuchlichen Gelddarlehne aufkamen,
so wurden zwar bey dem Reichskammergerichte in Schuldsachen den Gläubigern die

Zinsen als unerlaubt ab = und nur die Ver=
zugszinsen von 5 Prozent zuerkannt, und
zwar aus dem Grunde, weil jene Reichs=
gesetze, da sie alle Kontrakte, in welchen
über 5 Procent wiederkäufliche Zinsen ver=
sprochen waren, für ungültig erkannt hat=
ten, nun auch von dem Reichskammerge=
richt auf die Darlehne, die man zu jenen
Zeiten noch immer über 5 Procent gemacht
haben mag, angewendet wurden. Das
Kammergericht ist endlich über diesen Ge=
genstand selbst zweifelhaft geworden, und
es hat in der zweiten Hälfte des 16ten
Jahrhunderts unter die dubia Cameralia
mit gezählt: ob auch die stipulirten
Zinsen (nicht blos die Verzugszinsen)
den Gläubigern adjudicirt werden müßten,
welcher Zweifel ihm dann auch durch den
A. Absch. von 1654 gelöset worden zu seyn
geschienen, weil das R. K. G. nach dieser
Zeit die versprochenen Zinsen in Anlehns=
fällen den Kreditoren, jedoch nur von der
Zeit jenes Reichsabschiedes an, zugespro=
chen, wegen der vor derselben verfallenen
Zinsen aber die Kreditoren zu einer beson=

dern rechtlichen Ausführung verwiesen hat.
Allein auch hier hat das R. K. G. den §.
174. des Reichsabschiedes von 1654 weiter, als es die Absicht der Gesetzgeber war,
ausgedehnt, und den Inhalt desselben als
eine allgemeine Regel für alle auf Zinsen
ausgeliehene Kapitalien genommen, da er
doch ausdrücklich nur für solche Schuldner
galt, die durch den 30jährigen Krieg rui-
nirt worden waren, von welchen allein
mehr nicht als 5 Procent Zinsen genommen werden sollten. Daß dieses der eigentliche Sinn des Reichsabschiedes gewesen sey, erhellet auch daraus, daß der
Reichshofrath jederzeit auf die Bezahlung der 6 Procente, wenn sie im Kontrakte stipuliret waren, erkannt hat, und
daß auch nach der Erscheinung jenes Reichsabschiedes noch immer und bis jetzt in vielen Provinzen Deutschlands 6 Procent ge-
bräuchlich geblieben und sogar durch positive
Gesetze als höchster Zinsfuß autorisirt sind.

Wer, wenn sonst alles übrige gleich ist,
d. i. wenn die Beschaffenheit der Konkurrenz
der Verleiher und Borger kein andres

Verhältniß in die Preise der Zinsen bringt,
sein Kapital ganz sicher unterbringen will,
begnügt sich mit 3 und 4 Procent, bey
minderer und dem geringsten Grade von
Sicherheit mit 5 und 6 Procent. Es ist
auch recht gut, daß die höchste gesetzge=
bende Gewalt es bis jetzt hierbey hat be=
wenden lassen; denn diese Bestimmungen
ergeben sich immer besser und zuverlässiger
von selbst; überdieß dürfte wol gegenwär=
tig der Marktpreis der Zinsen auf einem so
niebrigen Grade stehen, daß er sich ohne
Nachtheil der Kapitalisten schwerlich noch
tiefer herabsetzen lassen möchte, als ihn der
Handel mit Gelde bereits gesetzt hat. Je=
ner Marktpreis der Zinsen steht jetzt mit den
Landrenten im Gleichgewicht, und dieses
scheint gerade, wenn sonst andere äußere
Umstände die ersten Bedürfnisse nicht ver=
theuern, das rechte Verhältniß zu seyn, in
welchem beide, Geld und Landrente, mit
einander stehen müssen. Ob nun wohl der
staatswirthschaftlichen Gesetzgebung des
Deutschen Reichs der Vorwurf nicht ge=
macht werden kann, bis jetzt etwas Nach=

theiliges für diejenigen, welche von Geldrenten leben, in der bisher betrachteten
Rückficht, gethan zu haben; so ist doch
aber auch nichts von ihr geschehen, wodurch
das Recht des freien Gebrauchs des Eigenthums dieser Bürgerklasse, gegen künftige
willkührliche Einschränkungen von Seiten
ihrer unmittelbaren Regierungen sicher gestellt wäre; da denselben durch kein Reichsgesetz, in Ansehung künftiger möglicher
Bestimmungen des Zinsfußes unter dem
Marktpreise, kein Ziel gesetzt ist, und der
Fall immer wieder eintreten kann, daß in
diesem und jenem Lande die Zinsen über die
Gebühr erniedriget, und den Creditoren,
wie es noch jetzt bey dem Reichskammergerichte geschieht, sechs Procent abgesprochen
werden.

Was hiernächst die Besteurung der Kapitalisten, als solcher, betrifft, so ist von
Seiten der höchsten Gesetzgebung des Reichs
hierüber eben so wenig, als über die Arten der Steuern und Abgaben überhaupt,
die ein Reichsstand in seinem Lande soll erheben können, reichsgesetzlich bestimmt wor-

den. Ich meine, daß es einem jeden Reichs=
stande freigelassen sey, alle Gegenstände,
die einen Gewinn abwerfen, mit Abgaben
zu belegen, wenn nur den Unterthanen kei=
ne andern Auflagen, als solche, angeson=
nen werden, als welche, nach Maaßge=
hung des Reichsabschieds vom Jahre 1648,
1) das Reich, zur Erhaltung der innern und
äußern Sicherheit, verwilliget, 2) die Exe=
kutionsordnung und die davon abhängende
Kreisverfassung nöthig macht, und 3) die
Landesdefension gegen wirkliche mit Grun=
de zu befürchtende Angriffe, dem Her=
kommen und erheischender Nothdurft
gemäß, erfordert. Haben die in einem
Reichslande aufgelegten Steuern nur eine
von diesen Eigenschaften; sind sie nur ent=
weder vom Reiche zu seiner Vertheidigung
verwilligt, oder zur Bestreitung des Auf=
wands bestimmt, den die Kreisverfassung
zur Erhaltung der innern Ruhe und Sicher=
heit erheischt, oder werden sie zur Verthei=
digung des Reichslandes, so wie sie seit
dem Jahre 1648 herkömmlich sind, und
wie es das wirkliche Bedürfniß an die Hand

giebt, ausgeschrieben; so hat alsdann der
Reichsstand freie Gewalt, diese Steuern
von seinen Unterthanen zu erheben, wie
und von welchen Gegenständen und Perso,
nen er will, folglich auch von den Zinsen
der ausgeliehenen Kapitalien so gut als von
Ländereien und Consumtibilien, von Ka,
pitalisten so gut als von Hausbesitzern, Ein,
miethlingen u. s. w. Ob auch durch die
Art der Besteurung und der Erhebung für
das Land überhaupt, für Handel und Ge,
werbe, für ganze Volksgemeinheiten und
einzelne Stände Nachtheile entstehen, Rech,
te gekränkt, ganze Klassen zum Schaden
der übrigen begünstiget, oder zur Begün,
stigung anderer benachtheiliget werden kön,
nen; darüber verfügt die höchste gesetzge,
bende Gewalt des Deutschen Reichs nichts.
Was insbesondere die Besteurung der Ka,
pitalisten betrift, so haben wir bereits oben
gesehen, daß sich dieselbe mit den Grund,
sätzen einer gesunden Staatswirthschaft und
der Staatsklugheit nicht vereinbaren lasse,
und daß sie folglich in sofern nie in Ausfüh,
rung gebracht werden sollte. Da inzwischen

diese Art der Besteuerung den Regeln des
Rechts nicht widerstreitet, weil nach denselben der Staat zur Bestreitung seiner Bedürfnisse von allem, was ein reines Einkommen unter dem Schutze des Gesetzes abwirft, einen verhältnißmäßigen Beitrag for-
dern kann; die Interessen von ausgeliehenen Kapitalien aber ein solches reines Einkommen sind, so thun freilich die Regierungen, welche Zinsen von Kapitalien mit Abgaben belegen, zwar nicht unrecht; aber ob
sie auch staatswirthschaftlich und klug handeln ist eine andere Frage. Eine Handlung
oder Verfügung, die nicht durch Pflicht ge-
boten ist, wird, wenn sie auch mit dem
Rechte besteht, dennoch besser unterlassen,
wenn die Klugheit voraus sieht, daß sie statt
des gehofften Nutzens Schaden bringen
werde. Zum Glück giebt es auch in Deutschland nur sehr wenige Länder, wo verzinsliche Kapitalien versteuert zu werden pflegen,
und Würtemberg, wo 100 Fl. Kapital 20
Kreuzer geben, und Salzburg, wo 10 Procent von den Zinsen entrichtet werden, möchten vielleicht noch die einzigen Deutschen

Länder seyn, in welchen Kapitaliensteuern
bestehen.

Endlich ist auch der Nachtheil, der den
Kapitalisten aus der geringen Ausmünzung
des Geldes und besonders der harten Sorten entsteht, keinem Zweifel unterworfen.
Der innere Gehalt der Münzen kann von
den Münzberechtigten auf doppelte Art ver-
fälscht werden; einmal, indem man die reine Materie der Münze, Gold oder Silber,
mit einem geringhaltigern Metall, z. B.
mit Kupfer, beschickt, d. i. das Korn
der Münze verschlechtert; zweitens, indem
man es an dem gehörigen Gewichte der Münze oder dem Schrote ermangeln läßt, und
gleichwohl der Münze das Zeichen des Ge-
wichts, das sie halten sollte, aufprägen
läßt. Beide Arten der Verfälschung bringen den Kapitalisten, in dessen Eigenthum
solche Münzen kommen, in Schaden. Der
Privatmann, der auf die Redlichkeit der
Regierung baut, und sich um so weniger
einfallen läßt, daß er von dieser Seite her
gefährdet werden könne, als er an dem al-

ten Gepräge und Stempel auch noch immer
die alte gewöhnliche Münze von richtigem
Schrot und Korne zu erkennen glaubt, nimmt
allmählig dieses verfälschte Geld auf, legt es
zurück und verleiht es. Endlich offenbart
sich die Verfälschung und der wahre innere
Werth solcher Münzen, sobald sie durch den
Handel in die Hände auswärtiger Kaufleu=
te gerathen, die nie versäumen, sich von
der Beschaffenheit der ihnen zugeschickten
Geldsorten zu überzeugen. Auf diese Wei=
se kann ein solcher Betrug nur eine Zeit lang
von scheinbarem Vortheile für den Münz=
herrn seyn, und er ist, um Handel und Wan=
del in seinem Lande nicht ganz zu ruiniren,
genöthiget, dergleichen Geld auf seinen wah=
ren Werth abzuschlagen, weil es entweder
von den fremden Kaufleuten, die nach dem
Verhältniß als die Münze mehr gilt als sie
werth ist, auch ihre Waaren höher anschla=
gen, wieder in das Land zurückgeschickt,
oder nur nach seinem innern Gehalt, oder
gar nicht ferner angenommen wird. Der
Eigenthümer solches Geldes, der es, mit
seiner Arbeit oder durch Handel, auf recht=
mäßige

mäßige Weise erworben und zu einem Kas
pital erſparet hat, ohne daß ihm dabey das,
was dieſem Gelde an innerm Gehalte fehlt,
durch einen verhältnißmäßig erhöheten Werth
ſeiner Arbeit, Waaren, oder Zinſen erſetzt
worden iſt, verliert alſo durch die Herabs
ſetzung dieſer Geldſorten auf ihren eigentlis
chen Werth an ſeinem Kapitale und den von
der Zeit des Auslehnens deſſelben an bezöges
nen Einkünften ſo viel, als der Betrag des
Kapitals nach geſchehener Reduktion der
Münze; nun weniger werth iſt, da der
Schuldner nun nicht verfehlen wird, ihm
ſein Kapital entweder in eben ſo vielen Stüs
cken von gleicher Münze, wieder zu bezahs
len, oder, wenn er ihn in andern Sorten abs
findet, ſo viel von der Kapitalſumme abzus
ziehen, als dieſe nach dem innern Werthe
des Geldes, in welchem ſie ihm dargelies
hen wurde, weniger werth war. Da die
Kapitalien jederzeit in der Art, wie ſie aus;
geliehen werden, ein Eigenthum des Kapis
taliſten bleiben, und dieſer, als ſolcher, ſich
nicht wie der Landeigenthümer, Manufaks
turiſt und Fabrikant, die ſich durch Erhös

M

hung des Preißes ihrer Waaren für den an
schlechtem Gelde erlittenen Verlust schad-
los zu machen wissen, helfen kann, so ist
es, dieser und die verzehrende und besoldete
Klasse allein; die den Schaden, der aus un-
richtigen Münzen entsteht, zu tragen haben;
jener durch den Verlust eines beträchtlichen
Theils seines Kapitals, und diese zugleich mit
jenem durch den aus der Schlechtheit der
Münze entstandenen höhern Preis der Le-
bensbedürfnisse.

. Man kann in der That der höchsten Gewalt des Deutschen Reichs keinen Vorwurf
machen; daß sie gegen diesen, so wie überhaupt gegen die übrigen im Deutschen Münzwesen noch bestehenden Mißbräuche, nachsich-
tig gewesen wäre; vielmehr geben die seit
der ersten Hälfte des fünften Jahrhunderts
erschienenen Reichsmünzordnungen, und die
in der Folge mit der neuesten Münzordnung
von 1559 vorgenommenen Modifikationen
und Zusätze, Beweise genug, daß sie es
hierunter nicht an der nöthigen Thätigkeit
hat ermangeln lassen. Daß sie aber dessen-
ohngeachtet nicht hat durchdringen können;

daß noch immer eine unverhältnißmäßige
Menge Scheidemünzen, und noch dazu in ei=
nem übermäßig geringen Gehalte, ausge=
prägt werden; daß bisher alle Bemühun=
gen einen allgemeinen festen Münzfuß ein=
zuführen, vergeblich gewesen sind; daß man
noch jetzt hier und da die Münzgerechtigkeit
zu einem Gewerbe macht, das Einkünfte ab=
werfen soll; daß noch hier und da die Mün=
ze verpachtet, und dadurch Gelegenheit ge=
geben wird, daß die groben Sorten ausge=
wechselt, eingeschmolzen und geringer aus=
gebracht werden; daß auch solche Stände,
die keine Bergwerke in ihrem Lande haben,
mit Vortheil münzen wollen, mithin den
numerären Werth ihrer Münzen über den
innern Gehalt derselben zu erhöhen und den
Mangel des Goldes und Silbers durch Zu=
sätze von geringerm Metalle zu verbergen
suchen; daß alle diese Mißbräuche und Män=
gel, der darüber vorhandenen Gesetze ohn=
geachtet, bis jetzt nicht haben abgestellt wer=
den können — davon liegt der Grund einzig
und allein in der politischen Verfassung des
Reichs, nach welcher das Interesse der Lan=

deshoheit der Deutschen Reichsstände mit
dem Interesse der höchsten Gewalt des Deutschen Reichs in stetem Widerspruche steht,
und die letztere, als solche, sich keines ihr
zuständigen Bergwerksregals, von welchem
das Recht, Münzen zu prägen, abhängt,
zu erfreuen hat. In jenen alten Zeiten,
in welchen Deutschland eine mehr monar-
chische und despotische Regierungsform hatte, und die Kaiser noch souveraine Herren
der Deutschen Reichsländer waren, die sie
durch Statthalter regieren ließen, gehörte
freilich das Recht zu münzen, so wie das
Bergwerksregal, dem Kaiser ausschließlich.
Nachdem sich aber die Fürsten, Grafen
und Herren in ihren Statthalterschaften
erblich gemacht, und die Landeshoheit errungen hatten, mithin im Deutschen Staats-
rechte nunmehr als Grundsatz angenommen
ist, daß die Reichsstände das Bergwerksregal, und als eine Folge von diesem, das
Recht zu münzen, und die Münzgesetzge-
bung, vermöge ihrer Landeshoheit besitzen;
so wird sich auch kein Reichsstand durch
das, was ohne seine Beistimmung auf dem

Reichstage beschlossen wird, in seinem Lande binden lassen; er wird sich sogar, wenn
er auch seine Stimme zu irgend einem das
Münzwesen betreffenden Reichsgesetze gegeben hätte, gleichwohl, wenn es sein und
seines Landes Interesse zu erfordern scheinet, vermöge seiner Landeshoheit für berechtiget halten, das durch ihn mit zu Stande gekommene Reichsgesetz in Abgang zu
bringen und eine nach seiner Vorstellung seinem Interesse gemäßere, jenem Gesetze nicht
entsprechende, Einrichtung zu treffen.

Was von Seiten der höchsten Gewalt
des Deutschen Reichs zum Vortheil oder
Nachtheil der Kapitalisten durch Beförderung oder Vernachlässigung und Bedrückung
des Handels und der Gewerbe gethan worden ist, und in wie fern sie durch die Regierungsform und die politische Verfassung
in Beschliessung und Ausführung guter,
die Aufnahme der producirenden Arbeiten
und Beschäftigungen bezweckender Gesetze
und Anstalten, begünstiget oder eingeschränkt
werde, wird sich aus dem Folgenden ergeben.

II.

Von denen, die ihren Erwerb aus der Landwirthschaft und aus der Verarbeitung der rohen Erzeugnisse ziehen.

Es liegt in der Natur der Deutschen Staatsverfassung, daß da, wo sich die Landeshoheit allein wirksam beweisen kann, und an keine reichsgrundgesetzliche Verfügungen gebunden ist, der Einfluß der höchsten Gewalt des Deutschen Reichs aufhört, und ohne Wirksamkeit bleibt. Da es nun den Deutschen Reichsständen frey gelassen ist, ob und wie sie sich für die Aufnahme der verschiedenen Zweige der Landwirthschaft, der Fabriken, Manufakturen und des Handels, in ihrem Territorium verwenden wollen, so bleibt auch die höchste Gewalt des Deutschen Reichs in Rücksicht derselben ohne Einfluß; und für den Deutschen Landeigenthümer, Manufakturisten, Fabrikanten und Kaufmann ist in diesem Betracht eine allgemeine reichsgesetzliche Verfassung so gut als nicht vorhanden. Gleichwohl

giebt es Fälle genug, wo die höchste Ge=
walt des Reichs, zur Vertheidigung und
Erleichterung des Genusses der Rechte des
Deutschen Bürgers, und zur Entfernung
der Hindernisse, die sich der Aufnahme sei=
ner produktiven Beschäftigungen in den
Weg stellen, ins Mittel treten sollte; es
giebt Fälle genug, wo die Deutsche Lan=
deshoheit nicht hinreicht, Ackerbau, Ge=
werbe und Handel in ihrem Reichslande
nachdrücklich genug zu unterstützen; und
Fälle genug, wo alle diese Zweige produk=
tiver Beschäftigungen mit Provinzialein=
schränkungen und Bedrückungen zu kämpfen
haben, die sie nicht anders als mit Hülfe
einer höhern Macht von sich abzuwälzen
und jenen ihren Beschäftigungen einen leb=
haftern Gang, eine freiere Thätigkeit zur
vortheilhaften Benutzung ihres Kapitals
und ihrer Arbeit zu geben im Stande sind.
Ich will nichts davon sagen, wie wider=
sprechend es dem Begriffe einer höchsten
Gewalt ist, wenn es rechtliche Gegenstände
und Verhältnisse in ihrem Staate giebt,
in Ansehung deren sie gar keine Gewalt hat;

wenn es die Rechte der Bürger einschrän-
kende Hindernisse, die blos in dem Willen
eines Einzigen, und der üblen Provinzial-
verwaltung ihren Grund haben, nicht heben kann. Daß es aber Fälle giebt, in
welchen die Hoheit des Kaisers und Reichs
sich über die Landeshoheit erheben und die
Fesseln zerbrechen sollte, die diese dem Deutschen Ackerbau, Gewerbe und Handel entweder selbst anlegt oder doch zu vernichten
zu ohnmächtig ist, wird sich aus den Betrachtungen ergeben, die jetzt über jeden
dieser Zweige der bürgerlichen Nahrung angestellt werden sollen, und wobey zu der
richtigen Beurtheilung des Verfahrens der
Deutschen Landesregierungen, folgende wenige Grundsätze, die allen jenen Zweigen
gemein sind, Anleitung geben werden.

1) Jeder Bürger muß die vollkommenste
   Freiheit haben, sein Kapital und seinen
   Fleiß zur Verbesserung seiner Umstände
   auf das vortheilhafteste auf rechtlichem
   Wege zu gebrauchen.

2) Alle Zweige der bürgerlichen Nahrung,
   die sich in die drei Hauptgattungen,

Landwirthschaft, Gewerkschaften und
Handel auflösen, müssen von jedem
Staatsgliede, das sich denselben wid-
met, in ihrem ganzen Umfange, und
ohne in Ansehung derselben an Einschränkungen gebunden zu seyn, getrieben werden können.

3) Diese Nahrungszweige dürfen nicht
mit andern als solchen Abgaben belastet
seyn, die zu Bestreitung der zu ihrem
Behufe gemachten Ausgaben und Anlagen dienen.

4) Keiner dieser Nahrungszweige darf vor
dem andern begünstigt oder benachtheiliget werden. Ein jeder derselben muß
dem andern frey und ungehindert in die
Hände arbeiten. Denn alle drey stehen
unter einander in so genauer Verbindung, daß, sobald die Thätigkeit des
einen unterbrochen und gehemmt wird,
die Folgen davon auch von den andern
empfunden werden. Ohne Landwirthschaft giebt es keine Handwerke, Manufakturen und Fabriken, und Handel;
wo keine rohen Materialien verarbeitet

werden, unterläßt es der Landwirth fie
hervorzubringen, und der Handel kann
fie nicht absetzen; wo kein Handel ist,
wird auch das nicht fabricirt und erzeugt, was er vertreiben kann.

5) Jene vollkommene Freiheit und Gleichheit, in Ansehung der Treibung aller bürgerlichen Nahrungszweige, muß sich auf
alle Glieder des Reichs erstrecken; in
keinem Reichslande dürfen diese Nahrungszweige mehr begünstigt seyn, als
in dem andern; allenthalben müssen sie
desselben höchstobrigkeitlichen Schutzes
genießen; in keinem dürfen sie mit Las-
sten und Abgaben gedrückt werden, die
blos zur Vermehrung der öffentlichen
Einkünfte abzwecken; alle Länder Deutschlands müssen der Thätigkeit aller produktiven Beschäftigungen frey und offen
stehen.

Von dem Ackerbau.

Die Landwirthschaft beschäftiget
fich mit der Hervorbringung roher Produkte
durch den Ackerbau und die von dem-

selben abhängige Viehzucht, den Berg=
bau und die Fischerei. Wir schränken
uns aber hier nur auf den ersten ein, da
nicht allein dieser unter allen Zweigen der
Landwirthschaft der allgemeinste und we=
sentlichste, sondern auch bereits Einiges
über die beiden andern Zweige der Land=
wirthschaft in dem Abschnitte von den Do=
mänen und Regalien gesagt worden ist;
überdies aber das Urtheil über das, was
von Reichswegen zur Aufnahme des Acker=
baues gethan werden sollte und gethan oder
nicht gethan werden kann, auch gewisser=
maßen von den übrigen Theilen der Land=
wirthschaft gilt.

Daß der Ackerbau noch nicht zu dem
Grade der Vollkommenheit gelangt ist, des=
sen er fähig wäre, erhellet wol genugsam
aus der großen Menge noch unbebauter
Striche Landes, und aus der noch immer
mangelhaften Bearbeitung und Benutzung
des angebauten Erdreichs. Die Gründe
davon liegen hauptsächlich: 1) in dem, ein=
zelnen Familien und Gemeinheiten ertheil=
ten, ausschließlichen Besitz großer Strecken

Landes unter der Form von Recht der Erst=
geburt, der Fideicommisse, der Majorate
u. s. w.; 2) in dem Zustande der Bauern;
3) in der Huth= und Triftgerechtigkeit.

Unter welchem Titel auch einzelne Ge=
meinheiten, Familien, oder Individuen gro=
ße Strecken kulturfähigen Landes besitzen mö=
gen, so kann ein solcher viele Hände und
Zeit erfordernder Umfang der vollkomm=
nern Kultur desselben auf keine Weise be=
förderlich seyn. Sind die Ländereien von
dem Orte oder Gute, zu welchem sie gehö=
ren, zu weit entlegen, so kostet ihre Be=
stellung nach dem Grade ihrer Entfernung
so viel mehr als andere näher gelegene
Aecker. Wegen der Geringfügigkeit des
Gewinns, den sie abwerfen, fängt man
an, sie zu vernachlässigen, bis man sie
endlich ganz unbebaut liegen läßt, und
sie sich in wüste Laiden verwandeln, der=
gleichen man in mehrern Deutschen Ländern,
oft Stunden und Meilen lang, antrifft. Da
sie nun aber einmal ein Eigenthum dieser
Familie oder Gemeinheit sind, und einer
Seits diese gleichwol nicht gezwungen wer=

den können, ohne Nuhen, oder wol gar
mit Schaden zu bauen, oder ihre Grund:
stücke unentgeldlich an andere abzutreten;
anderer Seits aber andere Personen sich
schwerlich entschließen dürften, ein Kapital
auf das Spiel zu sehen, um sich auf solchen
wüsten Strecken, zum Behuf der Urbar:
machung derselben, anzubauen; so entste:
het daraus unmittelbar der Nachtheil, daß .
in dem Lande, wo dergleichen befindlich
sind, um so viel weniger an Früchten er:
zielet wird, als auf diesen leeren Plähen
gebauet werden könnte. Ob nun wol kei:
nem Zweifel unterworfen ist, daß derglei:
chen wüste Strecken Landes, die von ihren
Besihern nicht ganz angebauet werden, und
mit Vortheil nicht anzubauen sind, von dem
Souverän des Landes, vermöge des ihm
zustehenden Rechts des Obereigenthums in
Anspruch genommen und gegen eine ver:
hältnißmäßige Entschädigung des Eigen:
thümers derselben an andere zur Ansiede:
lung und Urbarmachung verliehen werden
können; so findet man doch höchst selten,
daß die Landesherren, zur Beförderung

der Landeskultur und des Nahrungsstandes
ihrer Unterthanen, dieses Recht in Aus:
übung brächten. Was also sie nicht thun,
sollte billig von Seiten der höchsten Gewalt
des Deutschen Reichs supplirt werden.
Dieses würde auch von derselben mit dem
höchsten Rechte geschehen, da sich das Ober:
eigenthumsrecht der Deutschen Landesregen:
ten auf das höhere des Kaisers und Reichs,
von welchem jene alle, als demselben un:
tergeordnete Regenten, abhängig sind, grün:
det, und das höchste Eigenthumsrecht des
Reichs an dem zu demselben gehörigen
Grund und Boden, nach allgemeinen staats:
rechtlichen Principien, dem Obereigen:
thumsrechte der Deutschen Landesherren,
als der Folge von jenem, vorangeht und
gehen muß. Bis jetzt hat aber die höchste
Gewalt des Deutschen Reichs von der Aus:
übung dieses Rechts noch keinen Gebrauch
gemacht und machen können, wahrschein:
lich aus keinem andern Grunde, als weil
die gesetzgebende Macht des Reichs aus
der kollektiven Einheit der Stimmen aller
Reichsstände besteht, die, als solche, ge:

gen ihr Interesse als Landesregenten nie zu
einem Reichsgesetze, das sie abhängig
macht, ihre Stimmen geben werden. Es
braucht hiernächst an gegenwärtigem Orte
nicht erst weitläuftig ausgeführt zu werden,
wie sehr der Ackerbau dadurch, daß einzelne
Personen und Familien große Stücke Landes eigenthümlich besitzen, von der Erreichung eines höheren Grades der Vollkommenheit zurückgehalten werde. Eins muß
dabey statt finden; da die Familie des Ei-
genthümers nicht so viele Hände, als die
sorgfältige Kultur des Grundes und Bodens
erfordert, aufbringen kann, so ist sie genöthiget, das Ueberflüssige entweder zu verpachten, oder die Benutzung davon gegen
gewisse jährliche Renten, Zinsen 2c. an andere zu verleihen. In beiden Fällen aber
geht der Ackerbau seinen alltäglichen trägen
Gang fort, da er unter den Händen solcher, die an den Feldern, die sie bauen,
entweder gar kein, oder nur ein sehr unvoll-
kommenes Eigenthumsrecht, unter drückenden Abgaben und Frohnen, besitzen, unmöglich gedeihen kann.

Jene großen Ländereibesitzungen bestimmen auf der einen Seite die Rechte der Grundherren, und auf der andern den rechtlichen Zustand des gemeinen Landmanns in Deutschland. Nachdem die Fränkischen Könige sich der höchsten Gewalt in Deutschland bemächtiget, und ihren Heerführern und Edlen das Eigenthum der alten Mannen zu Lehn gegeben hatten, ward alles Land ein Eigenthum dieser wenigen; deren Nachkommen, um den fernern Zerstückelungen, die bey der allmähligen Vermehrung ihrer Familien bisher geschehen seyn mochten, vorzubeugen, ihren Besitzungen die Eigenschaft der Fideicommisse, Majorate u. s. w. beilegten. Höchstwahrscheinlich waren zu jenen Zeiten die zu einer Grundherrschaft gehörigen Bauern derselben leibeigen, und als solche verbunden, ihr alle Feldarbeiten und andere körperliche Dienste zu verrichten. Allmählig wurde aber diese Leibeigenschaft modificirt; indeß einige Bauerschaften in ihrer alten vollkommenen Knechtschaft und ihrer Leibherrschaft zu allen blos körperlichen

Dien-

Dienſten verpflichtet blieben — Leibei=
gene — erhielten andere einzelne Leibeigene
Ländereien als vollkommenes Eigenthum,
mit aller Entbindung von realen und perſön=
lichen Leiſtungen — Freiſaſſen, Frei=
männer; — wieder andern wurden Lände=
reien übergeben, aber nicht als Eigenthum,
ſondern nur zur Benutzung, unter der Be=
dingung einer jährlichen Abgabe davon, und
mit Vorbehalt der Leiſtung beſtimmter oder
ungemeſſener Dienſte — welche Klaſſe den
gewöhnlichen Deutſchen Bauer in ſich
begreift. Alle dieſe Arten der Deutſchen
Menſchheit auf dem Lande trifft man in
Deutſchland zerſtreut an; der ganz freien
Bauern, Freiſaſſen, giebt es nur ſehr we=
nige; ungleich größer iſt noch die Anzahl
der Leibeignen, die man noch jetzt, (die
Deutſchen Völkerſchaften, die nicht mit zur
Deutſchen Reichsverbindung gehören, un=
gerechnet), in Böhmen, Pommern, Meck=
lenburg, Weſtphalen, dem Bisthume Hil=
desheim, dem Fürſtenthume Minden, in
Baiern, Heſſen und Schwaben, in einem
mehr oder minder drückenden Zuſtande an=

N

trifft. In den übrigen Deutschen Provinzen ist diejenige Klasse von Bauern die zahl-
reichste, welche der Grundherrschaft von
den ihnen verliehenen Ländereien jährliche
Zinsen, Recognitionen und dergleichen zu
entrichten, und dabey persönliche Dienste,
unter dem Namen von Frohnen, die entweder gemessene oder ungemessene sind, zu
leisten haben.

Es mag nun aber der abliche Eigenthümer großer Landgüter entweder einen
Theil derselben verpachten — welches sich
doch auch nur an solchen Orten thun läßt,
wo sich der Bauer ein Kapital hierzu erspa-
ren kann — oder sie durch Leibeigene bauen
lassen; oder als Lehn- und Zinsgüter seinen
Bauern gegen einen jährlichen Census und
persönliche Frohndienste verleihen, so sind
alle diese Behandlungsarten nicht geschickt,
den Landbau zu einem höhern Grade von
Vollkommenheit zu befördern. Der Pach-
ter wird nie den Fleiß auf die Verbesserung
des Landes, zur Erzielung mehrerer und
besserer Früchte wenden, den er als Eigen-

thümer darauf verwenden würde; er wird
sich schwerlich dazu entschließen, solche Verbesserungen vorzunehmen, solche Anlagen
zu machen und solche Veränderungen vorzunehmen, die ihn erst späterhin eine Be-
lohnung seines Fleißes und seiner aufge-
wandten Kosten erwarten laßen; besonders
wenn seine Pachtzeit nur auf wenige Jahre
eingeschränkt ist, und er also die Früchte
seiner Verbesserung selbst zu genießen nicht
hoffen darf. Noch nachtheiliger und un-
günstiger für die Vervollkommnung des Ackerbaues ist es, wenn der Gutsherr seine
Besitzungen durch Leibeigene oder Fröhner
anbauen läßt. Die Arbeit, die sie ihm
verrichten, ist freilich wohlfeil, da sie ihm
weiter nichts kostet, als was sie mit dem
Munde davon tragen. Aber im Grunde
kömmt ihm doch ihre Arbeit theuer genug
zu stehen, da sie viel zu essen und wenig
und schlecht zu arbeiten pflegen; denn was
interessirt sie ein fremder Boden, der nicht
ihr eigen ist, und eine Arbeit, durch die
sie ihren Zustand nicht zu verbessern im Stande sind, oder die sie die Beförderung ihres

eigenen Nutzens zu vernachläſſigen und ihre
Hände und ihr Vieh von der Pflege und
Kultur ihres eigenen Ackers abzuziehen
zwingt. Was außer dieſem die Frohnen
der Grundzinsbauern noch insbeſondere betrift, ſo ſind ſie ſowohl für dieſe als für
die Grundherren ſelbſt nachtheilig. Dieſe
Fröhner übereilen nicht allein die dem
Grundherrn zu leiſtenden ländlichen Arbeiten, ſondern es geht auch für dieſen nicht
minder, als für die Arbeiter ſelbſt über den
An- und Abzug, in Fällen, wo letztere
eine lange Strecke Wegs, von ihrer Heimath bis zum Gute des Grundherrn, wo
ſie arbeiten ſollen, zurück zu legen haben,
viele Zeit und Kraft für Menſchen und Vieh
verloren; es wird alſo weniger und nach-
läſſiger gearbeitet, inſonderheit, wenn un-
terdeſſen ſchlechtes Wetter einfällt; und
dann verliert auch der Fröhner, da er gewöhnlich von dem Grundherrn bey guter
Witterung zur Feldarbeit deſſelben aufge-
fordert wird, dieſe günſtige Witterung zur
Beſtreitung ſeiner eigenen Feldgeſchäfte;
folglich wird der Anbau der Grundſtücke

heiber, sowohl des Grundherrn, als des Bauern vernachläßiget.

Man ist darüber einverstanden, daß der Werth der Ländereien sich erhöhen, und der Ackerbau einen höhern Grad der Vollkommenheit erreichen würde, wenn man den Bauern ein vollkommenes Eigenthumsrecht an den ihnen verliehenen Grundstücken und eine gänzliche Befreiung von allen Frohndiensten verwilligte. Es giebt auch in der That einzelne Beispiele von Grundherrschaften, die ihren Unterthanen eine solche Befreiung von Real- und Personalprästationen haben angedeihen lassen; allein die wenigsten Gutsherrn werden diesen Beispielen, auch bey einer ihnen angebotenen billigen Entschädigung, nachzufolgen von selbst geneigt seyn; die Territorialgewalten in Deutschland dürften auch nicht wohl berechtigt seyn, ihre Vasallen zu solchen Aufopferungen und Verwandlungen ihrer Rechte zu zwingen; denn jene müssen den Rechtsgrund, auf welchem das Verhältniß zwischen ihnen und ihren Vasallen ruhet, auch für diese, in Ansehung des

Verhältnisses derselben, als Grundherren
zu ihren Bauern, gelten lassen, und kön=
nen das letztere nicht selbst aufheben, ohne
ihrem Lehnsverhältnisse zu ihren Vasallen
den rechtlichen Grund zu benehmen; wel=
ches selbst, wenn sie es auch wollten, doch
nicht in ihrer Macht stünde, da dieses Ver=
hältniß nicht von ihnen, sondern von der
höchsten Gewalt des Deutschen Reichs ge=
stiftet ist, mithin eine in dem Deutschen
Reiche bestehende rechtliche Verbindung, von
welcher sie nicht selbst die Urheber sind und
seyn können, auch von ihnen nicht aufgeho=
ben werden kann. Diesemnach käme es le=
diglich dem Kaiser und Reiche zu, jene Hin=
dernisse der höhern Kultur der Deutschen
Landwirthschaft dadurch zu entfernen, daß,
so wie überhaupt die ganze Lehnsverbin=
dung, (die ohnehin, wie wir an einem an=
dern Orte gezeigt haben, keine andere Ver=
bindlichkeit, als die schon aus dem Begrif=
fe der staatsbürgerlichen Subordination un=
ter die höhere Staatsgewalt entspringt, mit
sich führt), also auch das jener Lehnsver=
bindung ähnliche Verhältniß der Grundei=

genthümer zu ihren Gutsbauern, und, als
eine unmittelbare Folge davon, die Zins-
barkeit und Dienstpflichtigkeit der letztern,
aufgehoben würde. Daß zu diesem gros-
sen Schritte zur physischen und moralischen
Vervollkommnung der Deutschen Menschheit bis jetzt von Seiten des Reichs noch
nichts geschehen sey, ist bekannt; und wie
viel man sich in dieser Rücksicht für die Zukunft zu versprechen habe, scheinet darnach
beurtheilet werden zu können, daß, wenn
auch die Deutschen Reichsstände kein Be-
denken finden dürften, das zwischen ihnen
in Ansehung ihrer Reichsterritorien mit dem
Kaiser und Reich bestehende Lehnsverhältniß, so viel an ihnen liegt, aufhören zu
lassen, sie doch in Rücksicht der Vortheile,
die ihnen und ihren Lehnhöfen aus ihrer
besondern Territoriallehnsverfassung erwachsen, und deren sie nicht gern entrathen, sich
schwerlich hierzu bewegen lassen werden;
weil, sobald das allgemeine Lehnsverhältniß aufhört, auch das besondere nicht mehr
Statt finden, und mithin auch aller Vortheil, der mit dem Zurückfall der Lehen und

der Lehnmuthungen verknüpft ist, wegfallen
würde. Doch giebt es, um auch diese
Schwierigkeit zur Beförderung der guten
gemeinen Sache zu heben, noch Mittel ge=
nug, deren wir jedoch hier nicht zu erwäh=
nen brauchen, da sie nicht zum Zwecke die=
ses Buchs gehören. Von Seiten der Vas=
sallen der Territoriallehnsherren dürfte um
so weniger ein Hinderniß obwalten, als
die Verwandlung ihrer Lehngüter in Allo=
dien und volles Eigenthum ihnen nicht an=
ders als erwünscht seyn muß; welcher Um=
stand auch, wenn er ihnen zur Bedingung
gemacht würde, sie geneigt machen dürfte,
der Einführung des vollkommenen Grund=
eigenthumsrechts ihrer Bauern nicht entge=
gen zu seyn.

Jagd = Huth = und Triftgerechtigkeit,
und die mit letzterer in Verbindung stehen=
den Gemeinheiten, sind andere Hinderniß=
se, den Ackerbau, und mit diesem zugleich
den Nahrungsstand der Landeigenthümer in
Aufnahme zu bringen. Die Mißbräuche,
in welche die Ausübung der Jagdgerechtig=
keit noch immer in manchen Deutschen

Reichsländern, durch Hegung eines übermäßigen Wildstandes, ausartet, der die angränzenden Ländereibesitzer der Hoffnung ihrer Erndten beraubt, und den Landmann
durch häufige Jagdfrohnen um viele Zeit
bringt, die er seiner eigenen Wirthschaft
entziehen muß, werden noch so oft und so
laut gerügt, daß hier eine Wiederholung
derselben unnöthig ist. Mehr verdienen
die Nachtheile, die aus den noch immer in
den meisten Deutschen Ländern bestehenden
Gemeinheiten und Triftgerechtigkeiten für
die höhere Kultur der Landwirthschaft entspringen, und die Vortheile, die mit ihrer Aufhebung für dieselbe verknüpft sind,
in frische Erinnerung gebracht zu werden,
da beide in dem Andenken der Menschen,
und besonders derer, denen die Sorge für
das Wohl der Staaten anvertrauet ist, seit
jener Zeit, da dieser wichtige Gegenstand
zur öffentlichen Sprache kam, und das
Nachdenken so vieler sachkundiger und erfahrner Oekonomen beschäftigte, zu veralten, und jetzt beinahe ihrem Gedächtnisse
fremd zu werden anfängt. Da jedoch hier

der Ort nicht iſt, die Sache in ihrem De=
tail abzuhandeln, ſo wird es genug ſeyn,
blos die Reſultate jener Unterſuchungen
namhaft zu machen.

So lange die Triftgerechtigkeiten, ſo
wie ſie gegenwärtig ſind, beibehalten wer=
den, bleibt mehr als ein Drittheil des Lan=
des unangebaut liegen; der Landmann kann
und darf keine beträchtlichen Veränderun=
gen und Verbeſſerungen mit ſeinen Länbe=
reien vornehmen, da er durch die Triftge=
rechtigkeit genöthiget wird, einen Theil ſei=
ner Grundſtücke gar nicht, den übrigen
aber blos ſo, wie es hergebracht iſt, zu
benutzen. Durch die Weite des Wegs,
und durch das beſtändige Herumtreiben,
leidet das Vieh, kömmt von Kräften, wird
vom Ungeziefer geplagt, und, bey entſte=
henden Viehſeuchen, wird das geſunde von
dem ungeſunden leichter angeſteckt. Da
es im Frühjahre ſo zeitig als möglich ausge=
trieben wird, und der Weideplatz ihm keine
hinlängliche Nahrung darbietet, ſo reißt
es, ohne ſich jedoch zu ſättigen, mit den
alten verwelkten Grasſtoppeln die jungen

Keime sammt ihren Wurzeln aus; das
große Vieh tritt bey jedem Schritte einen
Theil seiner künftigen Nahrung in den wei=
chen Boden nieder; das junge Gras wird
unaufhörlich weggebissen, und kann zu kei=
nem vollkommenen Wachsthum gelangen;
es wird mehr Gras zertreten als gefressen.
Es geht eine Menge Dünger, der den
Weideplatz, zum Verderben desselben, be=
lastet, und zu anderm Behufe besser ange=
wandt werden könnte, unnütz verlohren.
Dergleichen Weideplätze ernähren kaum den
dritten Theil desjenigen Viehes, das sie
ernähren würden, wenn man damit wirth=
schaftlicher verführe. Die Ländereibesitzer
müssen sich also mit einem geringen Vieh=
stande behelfen; folglich erhalten sie auch
einen geringen Vorrath an Butter, Käse ic.;
ihre Aecker werden ungleich schlechter ge=
düngt, als es geschehen würde, wenn der
Viehstand größer wäre; und mithin sind
sie auch minder ergiebig.

Bey Aufhebung der Gemeinheiten ge=
winnen hingegen alle Zweige der Landwirth=
schaft, und letztere nähert sich mit Hülfe

des Fleißes und der Industrie des Land=
wirths dem höchsten Grade der Vollkom=
menheit; der Ackerbau gewinnt dabey
durch die Aufhebung der Brache; die Fel=
der können mit geringerer Mühe und weit
beßer bestellet, besser gedünget, und folg=
lich fruchtbarer gemacht werden; jeder Ei=
genthümer kann nunmehr der Erhaltung
seines Eigenthums auf seinem Grund und
Boden sicher seyn, da alle seine Grundstücke
nun beisammen liegen, eingezäunt, und
so vor den Einbrüchen des Wildes und die=
bischer Nachbarn gesichert werden können.
Es steht nun dem Landmanne nichts mehr
im Wege, seine Landarbeiten, wenn und
wie er will zu verrichten, und Versuche
mit dem Anbau vortheilhafterer Getreide=
arten zu machen. Die Viehzucht ge=
winnt durch die Verbesserung der Wiesen,
da nun keine Frühlingshüthung mehr Statt
findet, und dieselben ausgetrocknet, von
Gebüschen und Erdhügeln gereinigt, durch
künstlichen Dünger und Besäung mit Heu=
saamen ergiebiger gemacht, die Waiden
aber zum Anbau guter Futterkräuter ge=

hützt werden können. Der Gartenbau
gewinnt ebenfalls; denn jeder kann nun
auf seinen Grundstücken so viele Küchenge-
wächse und Obst bauen als er will; auch
kann durch Anlegung von Maulbeerbaum-
plantagen der Seidenbau befördert, und
endlich auch mancher Rechtshandel und
mancher Zwiespalt zwischen den Bauern
und ihrem Gutsherrn oder unter einander
selbst, wozu bis jetzt die Gemeinheiten so
häufige Veranlassung geben, verhütet
werden.

Wenn ein Staat eine rechtliche Verfassung hat, so ist es nicht möglich, daß
die Jagdgerechtigkeit in Mißbräuche und
Uebertreibungen zum Schaden der Unterthanen ausarte; weil alsdann die höchste
gesetzliche Gewalt nicht allein Ziel und
Maaß vorschreibt, wie das Jagdregal
ausgeübt werden soll, sondern auch die der
höchsten exekutiven Gewalt untergeordneten
Provinzialverwaltungen in der Ausübung
desselben nicht nach eigenen Neigungen und
Belieben verfahren, und sogleich wieder
in die gesetzlichen Schranken zurückgeführt

werden können, welche zu überschreiten ih=
nen etwa eingefallen seyn möchte. Obwol
im Deutschen Reiche die Stände desselben
alle landeshoheitlichen Rechte, mithin auch
das Jagdregal, von Kaiser und Reich ver=
liehen erhalten, also in Ansehung desselben
in eben dem Verhältnisse zum Kaiser und
Reiche stehen, welches zwischen ihren Lan=
desvasallen und ihnen selbst obwaltet, so
scheinet doch die höchste Gewalt des Deut=
schen Reichs, nach einmal vollbrachter Be=
lehnungsceremonie, sich nun nicht weiter
um die Art und Weise zu bekümmern, wie
ein Reichsstand in seinem Lande, sich des
Jagdregals bediene, und es demselben le=
diglich zu überlassen, welchen Gebrauch er
davon machen will. Da es auch so wenig
allgemeine Jagd= als Forstordnungen giebt,
an die, als Reichsgesetze, die Landesho=
heiten gebunden wären, so fehlt es auch in
der That den höchsten Reichsgerichten an
einer gesetzlichen Norm, wornach sie in
Fällen, wo mittelbare Deutsche Reichsun=
terthanen wegen Jagdbedrückungen von
Seiten ihrer Herrschaften gegen dieselben

klagbar werden, entscheiden könnten. Das
Schicksal des Landmannes wird also in die=
ser Rücksicht immer zweifelhaft, und bey
dem Mangel aller reichsgesetzlichen Bestim=
mungen, die ihn auf immer sicher setzen
könnten, blos von dem persönlichen Cha=
rakter und den Neigungen des jedesmaligen
Landesherrn abhängig bleiben. Glückli=
cherweise hat die ehemalige Jagdwuth der
Großen so sehr abgenommen, daß jetzt
kaum noch ein Schatten davon übrig ist;
und die moralischen und wahrhaft staats=
rechtlichen Grundsätze, die die mehresten
Deutschen Regenten und ihre Minister bey
ihrer Staatsverwaltung befolgen, ersetzen
größtentheils das, was an der Verfassung
des Deutschen Reichs selbst mangelhaft ist.

Die Aufhebung der Gemeinheiten ist
keine Sache, die lediglich von der Willkühr
der Territorialgewalt abhängt, da die recht=
lichen Verhältnisse des Landmannes zu sei=
nem Guts= und Gerichtsherrn in Rücksicht
der von demselben ihm verliehenen Lände=
reien von dem Landesherrn nicht aufgeho=
ben werden können, ohne den Gutsherrn

an seinem Rechte zu verletzen, das ihm an
der Behuthung der gemeinschaftlichen Wie=
sen und Waidepläße und der Aecker zusteht.
Die Territorialgewalt würde dadurch einen
eigenmächtigen Eingriff in das Deutsche
Lehnssystem thun, zu dessen Aufhebung in
seinem Lande er nicht berechtiget ist, da er
in Ansehung dessen, was nur durch die all=
gemeine Verfassung des Reichs besteht, und
was an den Gerechtsamen der mittelbaren
Reichsunterthanen, vermöge der Reichs=
constitution, als rechtsgültig für und durch
das ganze Reich zu betrachten ist, auch von
der höchsten Gewalt desselben abhängt.
Wenn alle urbaren Ländereien der Deut=
schen Territorien, durch die einmal beste=
hende Verfassung, Theile der Reichslehne
sind, und diese Eigenschaft einmal an sich
tragen, so kann ihnen diese Eigenschaft nur
durch diejenige Macht, die sie ihnen gege=
ben hat, genommen werden. Der Lan=
desherr kann sie folglich nicht in ein voll=
kommenes persönliches Eigenthum oder in
Allodium verwandeln, am wenigsten aber,
wenn der abliche Lehngutsbesißer in die

Ver=

Verwandlung seiner Lehngüter nicht selbst
williget. Da inzwischen das Reich nichts
dabey verliert, wenn die Güter, die die
Adlichen in den Reichsterritorien von ihrem
besondern Landesherrn zu Lehn tragen, in
Allodialgüter verwandelt werden, und die
Ländereien, die die Bauern von ihren
Gutsherren als Lehne erhalten haben, die
Eigenschaft eines vollkommenen Eigenthums erhalten; so kann es auch eine solche Verwandlung der bisherigen Territo-
riallehngüter um so mehr geschehen lassen,
als dabey die Eigenschaft der Abhängigkeit
des Reichsterritoriums selbst als Lehn von
der Lehnsherrlichkeit des Reichs unangeta-
stet bleibt. Bis jetzt haben sich aber die
Deutschen Territorialmächte eben noch nicht
übereilt, der höchsten Gewalt des Deutschen Reichs in Aufhebung der bestehenden
Territoriallehnsverbindungen vorzugreifen,
um dadurch, zur Vervollkommnung des
Ackerbaues, und überhaupt der ganzen
Landwirthschaft, das Geschäft der Ausein-
andersetzung der Gemeinheiten einzuleiten
und zu Stande zu bringen. Eben so we-

nig, ja noch weniger Neigung haben die Rittergutsbesitzer, zur Beförderung dieser für alle Theilnehmer gleich nützlichen Veränderung, im Ganzen gezeigt. Bey so bewandten Umständen, und da weder von Seiten der Kammern, die in Rücksicht der Kammergüter dabey interessiret sind, noch von Seiten der Rittergutsbesitzer Anstalt zur Aufhebung der Gemeinheiten gemacht wird, so könnte nur von der höchsten Gewalt des Deutschen Reichs, als der Quelle aller aus der Lehnsverbindung entspringenden Gerechtigkeiten, die endliche Würklichmachung jenes löblichen, die Verbesserung des rechtlichen Zustandes des zahlreichsten Theils der Deutschen Menschheit sowohl, als der gesammten Landwirthschaft und des Ackerbaues insonderheit, erwartet werden. Da aber vermöge der Konstitution des Deutschen Reichs und der Art der Organisation seiner höchsten Gewalten, die Territorialmächte selbst die constituirenden Theile der höchsten Gesetzgebung überhaupt, folglich auch der höchsten Kameralgesetzgebung im Reiche besonders ausmachen;

so dürfte jene Erwartung wol noch so lange
unbefriediget bleiben, bis sich die höchsten
Reichsständischen Personen durch eigene
gründliche Einsicht in diesen Gegenstand
ihrer landesherrlichen Sorge, von der
Wichtigkeit, allgemeinen Nützlichkeit und
dem großen vortheilhaften Einflusse desselben
auf die Vervollkommnung, und Aufnahme
des Ackerbaues und der Landwirthschaft
überhaupt werden überzeugt haben.

III.

Von dem, was der Staat in Ansehung der Gewerbe, Fabriken und Manufakturen, und des Handels, zu leisten hat.

Der erste und vornehmste Grund der
Aufnahme der Gewerbe liegt in der Menge,
Wohlfeilheit und Güte der rohen Materialien, die sie verarbeiten, folglich in dem
blühenden Zustande aller der wirthschaftli-
chen Zweige, die jene rohen Materialien
zur Verarbeitung liefern. Einige dieser

Gewerbe beschäftigen sich mit der Verarbeitung der rohen Materialien unmittelbar,
z. B. mit den Gegenständen aus dem Mi-
neralreiche: der Goldschmidt, Jubelierer,
Kupferschmidt, Zinngießer, Glocken- und
Kannengießer 2c.; mit Gegenständen aus
dem Pflanzenreiche: der Müller, der Bäcker, Bierbrauer, Leineweber, Zeugma-
cher, Zimmermann, Tischler, Drechsler 2c.;
mit Gegenständen aus dem Thierreiche: der
Metzger, Gerber, Tuchmacher, Strumpf-
wirker 2c. Andere haben es hingegen mit
bereits verarbeiteten Materialien zu thun,
z. B. Glaser, Schuster, Schneider, Pa-
piermacher, Buchbinder, Färber, Satt-
ler u. s. w. Noch andere bestehen blos in
Leistung persönlicher Dienste, z. B. Fri-
seurs, Barbierer und Bader. Bey einigen von der ersten Klasse, nemlich denen,
die sich mit Gegenständen aus dem Pflan-
zen- und Thierreiche zum unmittelbaren
Genusse der Menschen beschäftigen, z. B.
der Bäckerey, Metzgerey, Brauerey, erlaubt es die besondere Natur und Beschaffenheit ihrer Produkte nicht, mehr als das

gegenwärtige Bedürfniß erfordert, und auf
Vorrath für die Zukunft, zu verarbeiten.
Das gewöhnliche, frische Back= und Fleisch=
werk, ingleichen mehrere Sorten von Bier,
müssen, wenn sie genießbar bleiben und
nicht verderben sollen, sogleich verzehrt, und
können nicht versendet werden; welches je=
doch bey andern Sorten, als Pumper=
nickel, Zwieback, geräuchertem Fleischwerke,
Schinken und Würsten und bey einigen Ge=
tränken an Wein und Bier gar wohl Statt
findet. Die Aufnahme dieser Gewerbe
hängt in Ansehung derjenigen Produkte,
die nur auf kurze Zeit genießbar bleiben
und um deswillen kein Gegenstand des aus=
wärtigen Handels seyn können, blos von
der Größe der Bevölkerung eines Landes
und der Wohlfeilheit der Früchte und des
Schlachtviehes ab, und kann also von Sei=
ten der Staatsverwaltung nur durch eine
vollkommene Befreiung der Landwirthschaft,
und insonderheit des Ackerbaues von allen
den Landmann drückenden und einschrän=
kenden Obliegenheiten, die den Anwachs
der Bevölkerung, und die größere Ergie=

digkeit des Bodens hindern, so wie durch
Abwendung alles dessen, was ein Land von
einem beträchtlichen Theile seiner Einwoh=
ner auf immer oder auf eine geraume Zeit
lang entblößt, oder diese ersten Lebens=
mittel vertheuert, befordert werden. Außer
dem, was der Staat zur gerechten und
ordnungsmäßigen Betreibung solcher Ge=
werke von Seiten seiner höchsten Polizei=
aufsicht zu beobachten hat, kann er unmit=
telbar für dieselben nichts thun, was den
damit Beschäftigten ihre Arbeit einträgli=
cher machte. Dieses können sie selbst am
besten durch die Güte und das richtige Maaß
und Gewicht ihres Produkts bewürken;
weil das Publikum doch immer da am lieb=
sten kauft, wo es seine Bedürfnisse in besse=
rer Qualität und richtiger Quantität er=
hält.

Da diejenigen Gewerbschaften, welche
blos um Lohn persönliche Dienste leisten,
nichts produciren, so kann der Staat den=
selben auch die unmittelbare Sorge für die
größere Einträglichkeit ihrer Handthierun=
gen lediglich überlassen; es ist ihm auch

gleichgültig, ob sich jemand selbst oder durch
andere frisiren und rastren lassen will; und
ob dieser und jener gut oder schlecht frisirt
und rasirt; der elende Friseur und Barbie=
rer verliert seine Kundschaft, die den Ge=
schicktern zufällt. Es ist also die Sache
der Individuen selbst, so gut sie können, für
sich zu sorgen.

Eine vorzügliche Aufmerksamkeit hat
hingegen die Staatsverwaltung auf diejeni=
gen Gewerbe zu richten, deren Produkte
zu Gegenständen des auswärtigen Handels
geeignet sind, weil diese den Reichthum des
Staats, d. i. das im Lande circulirende
Kapital, vermehren helfen. Die Gewer=
be werden entweder fabrik = und manufak=
turmäßig, oder als bloße Handwerke ge=
trieben. In jenem Falle beschäftigen sie
mehrere Arbeiter, die einander in die Hän=
de arbeiten, unter der Aufsicht und auf Rech=
nung des Unternehmers, der entweder der
Landesherr selbst oder eine Privatperson ist.
In diesem hingegen verrichtet blos der Mei=
ster mit seinen Gesellen die Arbeit für sich.
Kupfer = und Eisenhämmer, Messinghüt=

ten u. dergl.), in welchen das noch ganz roh
zu Tage beförderte Mineral zur Verarbeitung geschickt gemacht wird, verdienen so
wenig als die in den Bergwerken selbst vor-
kommenden Geschäfte, und als die Wal-
kenschur, die Zubereitung des Flachses und
der Wolle, den Namen von Fabriken und
Manufakturen; wohl aber und vorzüglich
alle diejenigen Anstalten, die, unter der
Aufsicht und auf Rechnung ihres Unternehmers, jene von ihrer ursprünglich rohen
Form entkleideten verarbeitbaren Materialien zum unmittelbaren Gebrauche geschickt
machen, um sie im Großen zu verkaufen.

Man kann von keinem Gewerbe, von
welcher Art es auch sey, sagen, daß es in
Aufnahme und nur auf einem nennwerthen
Grade des Wachsthums stehe, so lange es
nicht als Fabrik und Manufaktur, d. i. ins
Große, betrieben wird. Zwar scheint es,
daß mehrere Meister, deren jeder für sich
arbeitet, eben so viele Waaren verfertigen
und folglich auch im Auslande absetzen können, als der Unternehmer einer Manufaktur, der ebenfalls so viele Hände jährlich in

Bewegung setzt; allein, erstlich sind weni=
ge Meister in der Verfassung, mehr, als
was bey ihnen im Lande, in der Stadt
selbst, bestellt oder gekauft wird, zu fertigen,
und die wenigsten wagen es, sich auf die
ungewisse Hoffnung eines reichlichen Absa=
tzes im Auslande und auf den Messen, in
einigermaßen beträchtliche Vorräthe und
Waarenläger zu setzen; zweitens fehlt ih=
nen allen der Geist der Einheit, der sie in
den Stand setzen könnte, ihr Geschäft ins
Große zu treiben, ihren Arbeiten einen hö=
hern Grad der Vollkommenheit zu geben,
neue Handelswege sich zu eröffnen, und
sich solche Vortheile zu verschaffen, die nur
aus der größern Quantität der abgesetzten
Waaren resultiren. Der Gewinn, den z.
B. mehrere Tuchmacher einer Stadt auf
der Messe mit ihren Waaren einzeln ma=
chen, kann nicht so groß seyn, als wenn
ein einziger Unternehmer alle Waaren der=
selben zur Messe brächte, weil sie alle nicht
allein mehr verzehren als dieser mit seinen
wenigen Gehülfen, sondern auch die Kon=
kurrenz der Verkäufer in diesem Falle gerin=

ger ist, als in jenem, folglich die Waaren
in einem höhern Kaufpreise gehalten werden können. Wo keine eigentliche Fabriken
und Manufakturen sind, kann der Mangel
jener Einheit dadurch ersetzt werden, daß sich
die Handwerksleute mit Kaufleuten in Verbindung setzen, die ihnen die gefertigten Waaren sogleich abnehmen, oder daß sie unter
einander selbst einen Kommissär bestellen,
der den Vertrieb ihrer Waaren besorgt.

Es läßt sich aber kein Gewerbe ins
Große treiben, wenn die rohen Produkte,
die es verarbeitet, nicht in dem Lande selbst
in Menge und Güte erzeugt werden; und
Fabriken und Manufakturen können sich keinen vortheilhaften Absatz ihrer Waaren im
Auslande versprechen, wenn sie nicht eines
Theils Waaren liefern, die in Ansehung
ihrer Güte und Wohlfeilheit mit der Güte
und Wohlfeilheit derselben Waaren anderer
Fabriken und Manufakturen gleichen Schritt
halten; andern Theils aber der Handel ins
Ausland gehemmt und untersagt ist.

Die Aufnahme und der blühende Zustand der Gewerbe gründet sich nach allem

diesem: 1) auf den vollkommenen Zustand
aller der Zweige der Landwirthschaft, die
ihnen die Materialien zur Verarbeitung in
Menge und Güte darreichen; 2) auf die
Tüchtigkeit, Feinheit, Güte und Schönheit der aus den rohen Produkten gelieferz-
ten Waaren selbst; und 3) auf die Leichtigkeit, dieselben mit Vortheil im Auslande abzusetzen. Von den Mitteln, der noch
immer in Deutschland gedrückten Landwirthschaft, und dem Ackerbau insonderheit, auf-
zuhelfen, ist unter der vorhergehenden Ru-
brik gehandelt worden; da nun das, was
der Landwirthschaft und ihren einzelnen
Zweigen unmittelbar beförderlich ist, auch
auf die Vervollkommnung der Gewerbe mittelbar Einfluß hat, so wird das, was dort
von jener gesagt worden ist, auch von diesen
gelten müssen. Was in Deutschland noch
bis jetzt nicht für die landwirthschaftlichen
Zweige geschehen ist, geht auch den Gewerben ab, und hält sie von ihrem möglichen
Grade der Vollkommenheit zurück. Die
Gebrechen, mit welchen jene zu kämpfen
haben, machen auch, daß sie diesen die ro-

hen Produkte nicht in der nöthigen Quantität und Qualität liefern können. Die
Gewerbe eines Landes stehen in Rücksicht des Grades ihrer Kultur in eben dem
Verhältnisse, in welchem ihnen die Landwirthschaft mehr oder weniger gute oder geringere Materialien zu ihren Arbeiten dar-
reicht; es sey denn, daß man diese Materialien aus einem andern Lande ziehen könnte, in welchem man in der Aufklärung noch
so weit zurück oder so träge wäre, daß man
solche gar nicht zu verarbeiten verstände,
oder Lust hätte, welches aber jetzt wol schwerlich noch irgendwo der Fall seyn dürfte.

Der Tüchtigkeit, Feinheit und Schönheit der fabricirten Waaren steht Untüch-
tigkeit, Unhaltbarkeit, Grobheit und Plump-
heit, Häßlichkeit und Geschmacklosigkeit
der Formen entgegen; und Fabriken und
Manufakturen, die nur solche Waaren zu
Markte bringen, werden sich umsonst bemühen, mit solchen, die dauerhafte, feine
und schöne Waaren, zu gleichen oder auch
etwas höhern Preisen liefern, zu wetteifern, und zu einem nur einigermaßen blü-

henden Zustand zu gelangen. An Fähigkeiten des Kopfs und Talenten mancher Art
giebt doch sonst der Deutsche dem Engländer und Franzosen nichts nach; woher mag
es also wol rühren, daß er diesen beiden in
so mancherley Gattungen von Fabrik- und
Manufakturwaaren nicht gleich kommen
kann? Es muß an gewissen äußern Umständen und Mängeln, und nicht an den Kö-
pfen und Fähigkeiten der Arbeiter liegen,
weil man doch auch, wiewohl freilich noch
sehr einzeln, Beispiele von Deutschen Kunst-
arbeiten hat, die denen jener Ausländer
wenig oder nichts nachgeben. In England sind mehrere Arten von Waaren zu
einem ungewöhnlichen Grade der Vollkommenheit gebracht worden. Die Ackerwerk-
zeuge, die Brauerey- Tischler- und Wag-
nerarbeiten, die Buchdruckerkunst, die ma-
thematischen und physikalischen Instrumen-
te, lassen nichts mehr zu wünschen übrig.
In Englischen Schuhen hat man keine Näs-
se zu fürchten; die Güte des Leders und
besonders die Nähte verstatten ihr auf keine
Weise das Eindringen. Ihre Stahlarbei-

ten sind von der feinsten Politur und den
Augen und Händen angenehm. Ihr Haus-
rath, ihre Wagen u. dergl. sind mit äußer-
ster Genauigkeit verfertiget; da ist nichts,
was sich wirft, was sich schwer und unsanft
herausschieben, aufziehen und niederlassen
ließe; Leichtigkeit, Festigkeit und Uiberein-
stimmung ist in allen ihren Theilen. Ihre Reißzeuge und übrige wissenschaftliche
Werkzeuge besitzen die vollkommenste Rich-
tigkeit, Verhältniß und Verbindung. In
welchem vollkommenen Zustande sich ihre
Druckereien befinden, davon zeugen die
Londoner, Oxforder, Glasgower und Bir-
minghamer Ausgaben; selbst die gewöhn-
lichsten sind fleißiger und korrekter gearbeitet und von feinern Lettern und Papiere als
die bey uns verfertigten nämlichen Ausgaben.   England hat schon seit langer Zeit
Seidenmühlen.   Eine von der ersten Grös-
se sieht man zu Stockport, einer beträchtlichen Stadt am Flusse Mersey. Unter mehreren Werkstätten, die sich in den großen
Hauptgebäuden befinden; enthält eine einzige 45000 Bewegungen, wovon der er-

fte Antrieb ein einziges Wasserrad ist. Ihre vortrefliche Wolle und Tuchmanufakturen sind bekannt genug. Die Natur hatte ihr jene nicht gegeben; Heinrich VIII. bedung sich in seinem Ehekontrakte mit Katharinen von Arragonien 3000 spanische Schafe, welche kostbare Race noch jetzt durch fleißige Wartung, und indem man sie alle Jahrszeiten hindurch auf dem Felde in Hürden läßt, erhalten wird.

Der Grund, warum unsere Waaren noch so weit gegen die der Engländer in Ansehung ihrer Güte, Feinheit und Schönheit zurückstehen, liegt hauptsächlich in dem Mangel an Kenntnissen, an Nachdenken und an Erfindungsgabe unserer Deutschen Künstler und Handwerker, die sich selten aus ihrem gewohnten mechanischen Gleise zu einem höhern Grade von Industrie erheben. Gerade diejenigen Länder, die in einer Art von Gewerbe größere Fortschritte gemacht haben, und aus welchen Verbesserungen erlernt und mit zurückgebracht werden könnten, werden auf den Wanderungen der Gesellen am wenigsten besucht. Antrie-

be von außen, ihre Arbeiten vollkommner
als gewöhnlich zu machen, sind auch nicht
vorhanden, da sie ihren größern Aufwand
an Zeit und Mühe nicht belohnt sehen, und
dauerhafte, genaue, feine und schöne Arbeiten selbst unter den Reichen wenige finden, die sie besser als die gewöhnlichen zu
bezahlen Lust hätten. Indeß in England
ganze Societäten, ja der Staat selbst, durch
Aussetzung von Prämien, durch Vorschüs-
se und Befreiungen, den Kunstfleiß und den
Wetteifer unter den Fabrikanten ermuntern, und die vornehmern und begüterten
Klassen, durch den Gemeingeist getrieben,
dem Künstler und Handwerker durch gute
Bezahlung Muth machen und seinen Kunstfleiß und sein Talent in immer vollkomm-
nern Arbeiten zu entwickeln und zu verfeinern suchen; finden bey uns gerade diejenigen ihr Auskommen am besten, die am
wohlfeilsten arbeiten, die Arbeit mag
beschaffen seyn, wie sie will; der auf
die Vervollkommnung seiner Kunst oder
seines Metiers denkende fleißige, mit Ak-
kuratesse und Geschmack arbeitende Meister
hin-

hingegen, darinn, daß sich selten jemand für den, der sich für die Aufnahme seiner Kunst und seines Gewerbes interessirt. —

— — Deutschland, das gegen England und Frankreich in Ansehung der mechanischen Arbeiten noch so weit zurück steht, sollte doch endlich einmal anfangen, mit diesen seinen Vorgängern durch Verbesserung seiner eigenen Landwirthschaft und Manufacturen, wenigstens in den Stand der Gleichheit zu treten, wenn es auch sie zu übertreffen nicht möglich seyn sollte. Anstalt ten zur Belehrung und zum Unterricht; Prämien und Befreiungen, die von den Regierungen angeordnet und ertheilet würden; unmittelbare Theilnahme derselben an den Verhandlungen der Innungen; öffentliche Bekanntmachung und Empfehlung geschickter Arbeiter; Errichtung von Akademien der Künste und Gewerbe u. dergl. könnten zur Aufnahme derselben und zur Bewürkung eines reichlichen Absatzes außerordentlich viel beitragen. Bisher ist aber für die Aufnahme der städtischen Gewerbe in

P

Deutschland noch eben so wenig, als für
die Landwirthschaft, geschehen. Nirgends
giebt es Schulen für angehende Künstler
und Professionisten; gelehrte Akademieen
und Societäten der Wissenschaften in Menge, aber äußerst wenige oder gar keine, die
sich die Vervollkommnung der Gewerbe aller
Art zum ausschließlichen Gegenstand ihrer
Bemühungen gemacht hätten. Der Lehr-
ling seufzt unter dem Despotismus seines
Meisters, und wird durch die knechtischen
Dienste, die er in der Wirthschaft desselben
zu thun gezwungen wird, Jahre lang hin-
gehalten, ohne in seiner Profession in dieser Zeit merkliche Fortschritte zu machen;
wenn er Gesell wird, erlernt er im Deutschen Auslande, auf das er sich bey seinen
Wanderschaften gemeiniglich einschränkt,
nicht mehr, als was er in seiner Heimath
auch erlernen konnte; und bey seiner Rück-
kehr findet er für keine Mittel gesorgt, die
seinen Erfindungsgeist erwecken, seinen Geschmack bilden, seine Beurtheilungskraft
zur gründlichen Vollendung seiner Arbeiten
leiten und berichtigen, und durch die ge-

wiſſe Hoffnung eines mehr als nothdürftigen
Erwerbs ſeinen Kunſtfleiß beleben könnten.

Der Reichsverfaſſung nach, ſind die
einzelnen Deutſchen Provinzen als ſo viele
einzelne geſchloſſene Territorien in Rückſicht auf Gewerbe und Handel anzuſehen,
deren jedes dem andern ganz fremd iſt, und
in keiner durch Einheit der Regierungsform
beſtimmten, ſyſtematiſchen Gemeinſchaft
mit den übrigen ſteht. Ob in dieſem oder
jenem Deutſchen Lande Kunſt- und Manufakturwaaren gut oder ſchlecht verfertiget werden, darum bekümmert ſich das andere
nicht, und es nimmt ſeine Bedürfniſſe, beſonders in den höhern Ständen, lieber von
dem undeutſchen Ausländer, der ihm die
Waaren zwar in etwas beſſerer Beſchaffenheit, aber dabey auch theurer liefert, und
es entgeht dadurch dem Deutſchen Fabrikanten ein ſehr anſehnlicher Theil der Mittel, durch die er in den Stand geſetzt werden könnte, ſein Fabrikat zu einer höhern
Vollkommenheit zu bringen. Wie iges
ſchwinde würde ſich die Qualität der Fabrik-
und Manufakturwaaren in Deutſchland

verbessern, wenn sich unsere Fürsten zu dem
reichspatriotischen Vorsatz vereinigen könnten, Germanischen Produkten z. B. Tü-
chern, Zeugen, Uhren und andern Dingen, den Vorzug vor ausländischen zu geben, und durch ihr und ihrer Hülfs-Bei-
spiel auch ihre vermögenden Unterthanen
dazu zu ermuntern; wenn alle gemeinschaftlich an dem Wachsthum irgend einer
Art des Gewerbes in irgend einem Deutschen Lande Theil nähmen, und durch die
Begünstigungen derer, die es in demselben
zu einem bißhen nicht gewöhnlichen Grade
der Vollkommenheit gebracht haben, auch
andere zu gleicher Betriebsamkeit und Kunstfleiß anreißten; wenn jeder Deutsche Staat
dem andern durch Mittheilung neuer Entdeckungen, Erfindungen, Methoden, Maschinen, Vortheile, Handgriffe und Hülfs-
mittel in die Hände arbeitete, und besonders solchen Gewerben und Kunstprodukten
in seinem Territorio Eingang verstattete,
die in demselben noch gar nicht, oder nicht
in dem Grade der Vollkommenheit im
Gange wären; wenn Akademieen der mecha-

nischen und Zeichenkünste, Kunst- und Ge-
werbschulen errichtet, und Fonds zu Prämien für solche Gewerbschaften, die eine
Waare besser wie bisher verfertigten und in
größerer Quantität verkauften, gestiftet
würden u. s. w.

Zur Erleichterung des auswärtigen vortheilhaften Vertriebs der fabricirten Waaren, als dem dritten allgemeinen Mittel,
Manufakturen und Fabriken in Aufnahme zu
bringen, wird von Seiten des Reichs ebenfalls nichts gethan; vielmehr noch sowohl der
wechselseitige Umsatz und Absatz derselben in
den Reichsterritorien selbst, als die Expor-
tation derselben in fremde Länder auf man-
cherlei Weise erschwert. Die Hindernisse
des Absatzes selbst wohlverfertigter Waaren
und mithin der Aufnahme der damit beschäftigten Gewerbschaften, Fabriken und
Manufakturen, liegen theils in der größern
Theurung derselben gegen die Waaren von
gleicher Art und Güte anderer Mitwerber,
theils in der Einschränkung der Freiheit
des Handels mit denselben.

Wenn bey gleichen Preisen der zur
Subsistenz erforderlichen Bedürfnisse, die
in einem Lande verfertigten Waaren theurer sind, als in einem andern, wo sie in
gleicher Menge und Güte erzeugt werden,
so entspringt die Theurung derselben hauptsächlich 1) aus der Seltenheit und folglich
dem höhern Preise der rohen Materialien,
aus welchen die Waare verfertiget wird;
2) aus dem höhern Arbeitslohn derer, die
die Unternehmer und Meister damit beschäftigen, und 3) aus den unverhältnißmäßig
starken Auflagen auf die Gewerbe und den
Ein- und Ausgangsrechten.

Wenn es thöricht ist, Fabriken und
Manufakturen von solchen Waaren anzulegen, zu welchen die rohen Materialien und
sonstigen Bedürfnisse in dem Lande gar nicht
erzielt werden können, und erst aus der
Fremde mit großen Kosten angeschaft werden müssen; so ist es hingegen sehr weise
und klug, die Erzeugung und Vervielfälti-
gung solcher Materialien in einem Lande zu
befördern, das hierzu, vermöge der Be-

schaffenheit seines Grundes und Bodens,
geschickt ist. In jeder Provinz Deutschlands ist irgend ein landwirthschaftlicher
Zweig, der daselbst vorzüglich kultivirt und
zu Fabrikaten benutzt werden kann. Hier
liefern Bergwerke allerlei Erze und andere
Mineralien; dort blühen Ackerbau und
Viehzucht; anderswo legt man sich auf
Seidenbau, Flachsbau, und die davon abhängigen Gewerbe — Brantweinbrenne-
reien, Bierbrauereien u. s. w. und es bedürfte der gegenseitigen Bemühungen der
Deutschen Regierungen, sich einander die
Anschaffung und den Gebrauch der Mittel
zur Beförderuug des Nahrungsstandes ihrer Unterthanen zu erschweren, gar nicht,
da kein Deutsches Land von der Natur so
stiefmütterlich behandelt ist, daß es demselben an irgend einer Quelle des öffentlichen Reichthums gänzlich gebräche. Es ist
eine sehr gemeine Maxime der heutigen
Europäischen nicht allein, sondern auch
der Deutschen Staaten-Politik, daß
man die in einem Lande erzeugten und her-
vorgebrachten rohen Materialien, die ein

Gegenstand der einheimischen Gewerbe sind
oder seyn könnten, nicht aus dem Lande zu
schaffen verstatten, sondern die Ausfuhr
derselben auf alle Weise erschweren und
verhindern soll; theils um andere Staaten
neben uns durch die Fabrikation der aus
denselben zu verfertigenden Waaren nicht
reicher werden zu lassen, und theils um sie
zu nöthigen, ihre Bedürfniße für dergleichen
Dinge von uns zu nehmen, und uns selbst
dadurch reicher zu machen. Diese in der
That sehr eigennützige, unweltbürgerliche
und die Deutsche Staatenverbindung tren-
nende Maxime ist, in wiefern sie durch
gewaltsame Mittel, dergleichen Belästigungen der Ausfuhr solcher Produkte mit
Abgaben und Strafverbote sind, in Ausübung gebracht wird, dem Geiste einer
vernünftigen Gesetzgebung gänzlich zuwie-
der, weil sie auf der einen Seite, an sich,
und ohne die Mitwirkung anderer Mittel,
die Aufnahme der jene Produkte verarbei-
tenden Gewerbe nicht zu bewirken fähig
ist, auf der andern aber diejenigen Nationen, denen man diese Produkte entzieht,

dadurch veranlaßt werden, uns dagegen auch wieder diejenigen rohen Erzeugnisse zu verweigern, die sie vorzüglich kultivirten und mit welchen sie uns hieher zu statten kamen. Es ist wahr, auch nach den Grundsätzen einer kosmopolitischen Staatswirthschaft und Polizey, ist es die Pflicht der Regierungen, für die Verbesserung und mehrere Aufnahme i h r e r Unterthanen besonders zu sorgen, sie zur Betreibung nützlicher und einträglicher Gewerbe aufzumuntern, und alle sie darin störende Hindernisse aus dem Wege zu räumen. Aber hierzu bedarf sie jener gewaltsamen, die Eigenthumsrechte einschränkenden und den freundschaftlichen Verkehr der Nationen vernichtenden Mittel nicht. Ihre Maximen sind liberaler. Sie weckt und befördert den Kunstfleiß, ohne irgend ein Volk von der Theilnehmung an den Gütern ihres Bodens auszuschließen, durch Mittel, die das öffentliche Recht heiliget, die um deswillen einem jeden Staate zu Gebote stehen können, und durch kein Zeichen des Neides, der Mißgunst und des

Eigennußes gebrantmarkt sind. Man
lasse nur den Verkehr, Handel und Wan=
del der Staaten frey und ungestört; der
dem Menschen so natürliche Hang, seinen
Zustand zu verbessern, wird ihn schon von
selbst leichter und früher auf den Weg füh=
ren, seine Arbeit und sein Kapital einträg=
licher zu machen, und andern, die weiter
sind als er, die Vortheile abzulernen, die
seine Einkünfte zu vermehren geschickt sind.
Was von einzelnen Menschen in einem
Staate gilt, gilt auch von ganzen Staa=
ten; es kömmt nur darauf an, daß die
Führer derselben ihren Unterthanen über
ihre wahren Vortheile und die ihnen durch
die Lage, Natur und Beschaffenheit ihres
Landes verstatteten Mittel sie zu erreichen,
die Augen zu öffnen, und ihre Industrie
zu beleben verstehen. Sollen die Staaten
unter einander dereinst in eben das recht=
liche Verhältniß treten, in welchem die
Bürger eines Staates zu einander stehen,
soll ein Recht unter den Staaten selbst ge=
gründet werden, das eben so die eigennützi=
gen Neigungen der einzelnen Staaten durch

den vernünftigen allgemeinen Willen aller
Staaten einschränkt und in Harmonie
bringt, wie es in Ansehung der Individuen,
die in einen Staat zusammengetreten sind,
der Fall ist; so muß vor allen Dingen,
nächst der Entfernung aller der Anstalten
und Einrichtungen, die die Nationen für
die Sicherheit ihrer Freiheit und ihres Ei=
genthums besorgt machen, auch jedes Hin=
derniß ihres wechselseitigen Verkehrs und
guten Einverständnisses weggeschafft, und zu
dem Ende das System der bisherigen eigen=
nützigen und die Möglichkeit des Wohlstan=
des anderer Staaten zerstörenden Staats=
wirthschaft, die ohnehin den Wohlstand
der Unterthanen nur in so fern zu erhöhen
strebt, als sie dadurch die Einkünfte der
Staatsverwaltung zu vermehren glaubt,
durch das auf Grundsätze des allgemeinen
Rechts gebaute liberale, philanthropische
und weltbürgerliche System verdrängt wer=
den. Deutschland ist, vermöge der Viel=
heit seiner Territorien und Regierungen,
am ersten geschickt, die Grundsätze dessel=
ben geltend zu machen, so wie es auch die

Einheit der allen diesen Territorien, als
Theilen des Reichs, gemeinschaftlichen allgemeinen Regierungsform in den Stand
setzt, sie durch die Reichsgesetzgebung ein-
zuführen und alle bisherigen durch die
Territorialgesetzgebungen eingeführten Einschränkungen des Handels und der Gewerbe der Deutschen Provinzen und Länder aufzuheben. Die volle, unbeschwerte Freiheit der Ein- und Ausfuhr der rohen Produkte zur Verarbeitung in Deutschen Ländern, würde und könnte keinem derselben
schädlich seyn. Denn entweder versteht
man sich in dem Lande, das ein solches
Material hervorbringt, auf die Verarbeitung und den vortheilhaftesten Betrieb der
daraus fabrizirten Waare, die Fabrikation
derselben ist in dem Lande in Aufnahme;
oder nicht. Im ersten Falle werden die
Fabrikanten das zu verarbeitende im Lande
erzeugte Material nicht theurer erkaufen, als
andere zu einem andern Deutschen Territorio gehörige Fabrikanten, die bisher die
Abnehmer des Materials waren; ja die
inländischen werden es wohlfeiler ver-

arbeiten können, weil sie es näher zur
Hand, und keinen Aufwand für den Trans;
port zu machen haben. Je je größerer
Menge dieses Produkt verarbeitet wird, in
um so größerer Menge wird es auch gebaut
werden; und gesetzt auch, daß noch im;
mer, ohngeachtet des Wachsthums der
Anzahl der Fabrikanten im Lande selbst,
ein Theil des erzeugten Vorraths von dem
rohen Produkte in andere Territorien gin;
ge; so würde zwar der Preis desselben um
so viel höher steigen, als sich die Konkur;
renz der Abnehmer durch den Hinzutritt der
Fremden, vermehrt hätte; aber die Fa;
brikanten würden nichts dabey einbüßen,
weil sie ihre Waaren auch verhältnißmäßig
theuer verkaufen könnten; die inländischen
würden dabey, wenn sonst alles übrige
gleich wäre, vor den ausländischen den
Vortheil haben, sich die rohen Produkte
mit weniger Kosten und Gefahr anschaffen,
mithin im Preiße niedriger halten, und
also die Mehrheit der Verkäufer auf ihre
Seite lenken zu können. Endlich würde
auch den Landwirthen, die diese rohen Pro;

dukte erzeugen, das Recht ungekränkt bleiben, so viel davon zu bauen, als sie wollten, und den größtmöglichen Nutzen aus
dem Verkaufe derselben zu ziehen, in welchem Rechte sie sich bey dem jetzt in mehrern
Deutschen Ländern bestehenden Verbote der
Ausfuhr der rohen Produkte und der Ein-
fuhre der, in andern Ländern fabricirten
Waaren sehr geschmälert sehen. Im andern Falle, wenn in einem Deutschen Lande
ein rohes darin erzeugtes Produkt wenig
oder gar nicht verarbeitet wird, bringt die
freie Ausfuhr dem Lande nicht allein keinen
Schaden, sondern vielmehr noch wenigstens den Vortheil des einträglichern Absatzes für den Landwirth. Dabey bleibt
es der Landesverwaltung unbenommen, so
viel in ihren Kräften steht, die Fabrikation
solcher Produkte in ihrem Lande selbst zu
befördern; das Produkt erhalten die Fabrikanten nicht theurer als die Fremden,
und sie können ihre Waaren, wenn sie
sonst in Ansehung der Güte derselben mit
denen der Ausländer gleichen Schritt halten, aus dem schon angeführten Grunde

eben so wohlfeil, und noch wohlfeiler ver=
kaufen.

Die zweite Urſache der Theurung der
Fabrikate, iſt ein hoher Arbeitslohn, der
entweder in der Theurung der erſten Noth=
wendigkeiten oder in dem Mangel einer
hinreichenden Anzahl von Arbeitern und
Geſellen ſeinen Grund hat. Iſt das erſte,
und die Theurung der erſten Bedürfniſſe
blos temporell und vorübergehend, ſo wer=
den auch die Folgen nur ſo lange als jene
dauern, und nur mit einigem Schaden für
die Unternehmer und Meiſter in Rückſicht
auf den auswärtigen Abſatz, auf ſo lange
als die Theurung anhält, verknüpft ſeyn.
Erſtreckt ſich die Theurung durch ganz oder
einen großen Theil von Deutſchland, ſo
wird ſich der Fabrikant ſeines Schadens
durch Steigerung des Preiſes ſeiner Waaren
beim inländiſchen Abſatz, und auch beim
Vertrieb derſelben ins Ausland, in wiefern
es für daſſelbe ein nothwendiges Bedürf=
niß iſt, und den Fabrikant ſo leicht keinen
Mitwerber zu fürchten hat, erholen kön=
nen. Iſt die Theurung hingegen nur

eine oder wenige Provinzen, so kann wenigſtens einem hohen Grade der Theurung
der erſten Lebensbedürfniſſe durch Anlegung
von Magazinen auf den Fall ſolcher Ereig-
niſſe und durch die Freyheit der Ein- und
Ausfuhr des Korns und anderer Nothwendigkeiten in und aus allen Deutſchen Ländern vorgebeugt werden, und der Schade
für die Gewerbe ſolcher heimgeſuchten Provinzen würde wenig fühlbar ſeyn. Gemein-
niglich verderben es aber ſolche Länder ſelbſt
und verſchlimmern ihren Zuſtand noch
mehr, dadurch, daß ſie, ſobald ein Mangel an ſolchen Bedürfniſſen bey ihnen ein-
tritt, Ausfuhrverbote ergehen laſſen und
dadurch die Zufuhr von ihren Nachbarn
verſperren. Die in den Jahren 1770
und 1771. durch allgemeine Mißernten
entſtandene Theurung und das durch die in
faſt allen Deutſchen Territorien erlaſſenen
Verbote der Getraide-Ausfuhr entſtandene
Uebel, veranlaßten Diemalny zu dem
wahrhaft reichspatriotiſchen Vortrag auf
dem Reichstage, „daß die einheimiſche
Sperrung die Theurung vergrößere, und
den

den nothwendigen Pflichten gegen den Mit=
bürger eines Staats widersprechen; dagegen
es aber besser sey, die auswärtige Frucht=
sperre zu beschließen." Hierauf erfolgte
den 7ten Febr. 1772 ein diesem Vortra=
ge gemäßes Reichsgutachten, das auch
noch in demselben Monate von dem Kaiser
ratificirt wurde, doch aber wegen der darin
enthaltenen Klausel, so viel es thun=
lich, die Eigenmacht und den Privateigen=
nuß der Reichsstände nicht genugsam ein=
schränkte. In der Folge hat man auch
nicht wahrgenommen, daß dieses Gesetz als
ein vollkommen und allgemeinverbindliches
Reichsgesetz respektirt worden wäre, da
seitdem schon viele Beispiele vorhanden sind,
daß einzelne Stände die Getraidesperre ge=
gen ihre Mitstände verfügt haben. Was
nützt denn eine rechtliche Verbindung mehre=
rer Staaten in einen einzigen, wenn er die
ersten rechtmäßigen Ansprüche der einzelnen
Staaten und ihrer Bürger nicht geltend
macht und die Eigenmacht Einzelner den
übrigen die Vortheile entreißt, die ihnen die
allgemeine Verbindung garantiren sollte?

Ω

und was nützen löbliche Gesetze, die Jeder
so wie ihn sein Eigennutz antreibt, alle Augenblicke ungestraft übertreten darf?

Ist der Grund der Theurung der ersten Nothwendigkeiten des Lebens, die den
Preis der Arbeiten erhöhet, permanent,
so kann er nirgends anders, als entweder in
der Vernachläſſigung des Ackerbaues und
der Viehzucht, und in allen den Fehlern
und Mängeln, die der Aufnahme derselben
hinderlich ſind, oder in der Volksmenge der
Städte, die jene Bedürfniſſe vertheuert,
oder in der unbequemen lokalen Lage der Fabriken, in welcher die Bedürfniſſe ſchwer zu
erhalten ſind, zu ſuchen ſeyn. Da ſich die
Aufnahme der Landwirthſchaft, und des
Ackerbaues und der Viehzucht inſonderheit,
durch Strafgeſetze nicht erzwingen; die Weg-
ſchaffung der in der Deutſchen Lehnsverfaſ-
ſung gegründeten Fehler und Mängel, die
den Ackerbau drücken, ſich nicht hoffen; die
Volksmenge großer Städte ſich nicht vermindern läßt; und keinem Bürger verwehret
werden kann, an dem Orte wo er lebt, auf
eigene Gefahr eine Manufaktur oder Fabrik

anzulegen, oder ein Handwerk zu treiben;
so läßt sich auch hierüber weiter nichts sagen, und ich kann die Leser in Ansehung
des einzigen Falles, wo nehmlich die Verbesserung des Ackerbaues und der Viehzucht
und die Beseitigung der dieselben einschränkenden positiv-gesetzlichen Verfassungen von
den Verfügungen des Kaisers und Reichs
abhängen, blos auf dasjenige zurückwei-
sen, was bereits weiter oben über diesen
Gegenstand vorgetragen ist. Uebrigens
sind diejenigen Deutschen Provinzen, die
zum Ackerbau gar nicht geeignet sind,
auch überhaupt nicht zu solchen Manufakturen, die ihre rohen Stoffe aus den
Erzeugnissen desselben nehmen, geschickt,
und müssen sich lediglich auf solche einschränken, die ihnen die Beschaffenheit ihres Bodens und ihrer Lage verstattet; und auch
diese können sie mit Nutzen betreiben, sobald nur eine durchgängige Freiheit des
Kornhandels in Deutschland eingeführt ist.
Ihr Bedürfniß an Getraide erwerben sie
sich von andern, die ihrer Waaren bedürfen,
und diese verkaufen sie an jene für einen

Preis, der mit dem Preise der eingetausch=
ten Lebensmittel in gleichem Verhältnisse
steht; sie verlieren also nichts und können
mit andern Nachbarn, die gleiche Waaren
liefern, in Ansehung des Preises der Ar=
beit gleichen Schritt halten.

Oft verursacht auch der Mangel an Ar=
beitern die Theurung des Arbeitslohns. Es
geht mit den Arbeitern eben so, wie mit den
Waaren; so wie, wenn der Käufer mehrere
sind als der Verkäufer, der Preis der Waa=
ren steigt, steigt auch der Preis der Arbei=
ter, je stärker die Nachfrage nach denselben
ist; er sinkt hingegen in dem Verhältniß,
als die Konkurrenz der Arbeiter größer ist,
als die Konkurrenz derer die sie suchen.
Die Konkurrenz der Arbeiter wird von
Seiten der Staatsverwaltung, durch ge=
hemmte Religionsfreiheit und durch die
Furcht vor dem Soldatenstande verringert.
In ein Land, wo die herrschende Religion
denen, die sich zu einer andern Religion be=
kennen, die freie Uebung derselben untersagt,
sie wol gar in ihrer Gewissensfreiheit stört,
durch unehrliche Begräbnisse die Asche der

verstorbenen anders Glaubenden entehrt,
und die Konfessionverwandten eines andern
selbst in Deutschland recipirten religiösen
Glaubens von der Treibung bürgerlicher
Gewerbe ausschließt, oder wo weder In-
länder noch einwandernde Ausländer sicher
sind zu Soldaten angeworben und mit List
oder Gewalt gezwungen zu werden — in
ein solches Land, das die Gewissens- und
persönliche Freiheit der Menschen einer steten Gefahr aussetzt, werden sich schwerlich
fremde Arbeiter einzuwandern entschließen.
Zwar untersagt der Westphälische Friede,
andern Religionsverwandten verächtlich zu
begegnen, sie von den Gemeinschaften der
Kaufleute, Handwerker und Zünfte, und
von öffentlichen Kirchhöfen und Begräbnis-
sen auszuschließen; allein die Erfahrung
hat gelehrt, wie wenig diese gesetzliche Vorschrift seit der Existenz jenes Reichsgrund-
gesetzes in mehrern Deutschen Ländern, sogar bis auf unsere Zeiten, in wirkliche
Ausübung gekommen ist. Da mit dem
Meisterrechte gewöhnlich auch das Bürger-
recht erlangt werden muß, in dem West-

phälischen Frieden aber die Aufnahme frem:
der Religionsverwandten zu Bürgern nicht
ausdrücklich bestimmt ist, so werden sie
auch der Aufnahme in die Zünfte und
Handwerksinnungen nicht theilhaftig; und
weil sie nicht fähig sind, zu Bürgern auf:
genommen zu werden, so können sie sich
auch nicht ansässig machen, folglich am al:
lerwenigsten ein Gewerbe anfangen, das
eigene Wohnungen und Gebäude erfordert.
Oeffentliche Begräbnisse werden ihnen da,
wo sie sich keines öffentlichen Religionsexer:
citiums zu erfreuen haben, jener Vorschrift
ohngeachtet, nicht verstattet; und wenn
man sie auch auf öffentlichen Kirchhöfen
und Todtenäckern begräbt, so erhalten sie
doch noch in vielen, besonders katholischen
Ländern, auf denselben abgesonderte und
solche Plätze, die in der öffentlichen Mei:
nung für verächtlich und ehrlos geachtet
werden; der vielen Vexationen, Verfol:
gungen und Anfeindungen zu geschweigen,
die sie von ihren Mitmeistern zu erdulden
haben. So lange sich die Deutschen Reichs:
stände nicht über alle Rücksichten, die der

Religionseifer eingiebt, hinwegsetzen und
durch Uebereinstimmung ein Reichsgesetz
zu Stande bringen, das schlechterdings
allen Unterschied, und alle Trennungen,
womit die Verschiedenheit des Glaubens
die Rechte des Menschen und Bürgers ge-
stempelt hat, aufhebt und vernichtet, wird
auch die freie, offene Gemeinschaft der
verschiedenen Länder und ihrer Bewohner
nicht hergestellt werden, und Handel und
Gewerbe werden von der Konkurrenz der
arbeitenden Klassen den Vortheil nicht ziehen können, den eine nicht durch religiöse
Vorurtheile, Leidenschaften und Aberglau-
ben in ihrem Gange gehemmte und einge-
engte Natur davon zu erwarten berechtiget.

Daß der Soldatenstand überhaupt den
hervorbringenden Gewerben eine Menge
Hände entziehe, und folglich auch einen
beträchtlichen Antheil an der Verminderung
der Konkurrenz der Arbeiter habe, ist keinem Zweifel unterworfen; am nachtheilig-
sten wird er aber in dieser Rücksicht alsdann, wenn unter eroberungssüchtigen Re-

genten und besonders den bevorstehenden
und ausgebrochenen Kriegen gewaltsame
Werbungen verstattet werden. Vermöge
der den Ständen des Reichs zustehenden
Landeshoheit, und des daraus fließenden
Rechts des Kriegs und der Armatur, ist
es jedem Stande frey gelassen, soviele Truppen zu halten, als er will und kann; und
es ist kein Reichsgesetz vorhanden, welches
jedem eine, den öffentlichen Einkünften seines Landes angemessene Anzahl vorschriebe.
Eine solche gesetzliche Einschränkung, die
sich zugleich auf die gewaltsamen Werbungen erstreckte, würde einigermaßen die
Einwanderung fremder Gesellen befördern
und dem Mangel einer hinlänglichen Anzahl von Arbeitern abhelfen; aber nur die
Einführung einer vollkommnen republikanischen Verfassung im Deutschen Reiche und
unter den Europäischen Staaten würde, da
sie nun immer bestehende Heere entbehrlich
machte, das Uebel, das der Mangel an
Arbeitern mit sich führt, mit der Wurzel
ausrotten, und unfleißigen, unfolgsamen
und liederlichen Gesellen das Mittel benehm-

men, im Soldatenstande ihr Glück zu versuchen, folglich sie zur Ordnung, Fleiß und
Folgsamkeit nöthigen, da sie nun diesen
einzigen Ausweg für ihr künftiges Unter-
kommen sowohl in ihrem Vaterlande als
auswärts verschlossen finden würden.

Ein großer Theil der Schuld an der verringerten Konkurrenz der Arbeiter, wodurch
der Preis der Arbeiten und mithin auch
der Waaren steigt, fällt hiernächst auch auf
die Handwerkszünfte selbst, wenn sie nemlich durch ihre Satzungen die Zahl der Lehr-
jungen und Gesellen bestimmen, die ein
Meister halten darf; wenn sie Findlinge,
uneheliche und solche Kinder, deren Väter
eine von ihnen für ehrlos gehaltene Nahrung treiben, für unfähig erklären, in das
Handwerk aufgenommen zu werden; wenn
sie ferner große Aufdingungs- und Lehrgel-
der, die von der Erlernung des Handwerks
abschrecken und dieselbe so vielen Unvermö-
genden unmöglich machen, festsetzen; wenn
sie die Aufnahme einwandernder Gesellen
oder auch die Anstellung weiblicher Personen, zu Arbeiten, wozu doch dieselben mit

Nutzen gebraucht werden können, unterfat
gen u. f. w. Mehrere von diesen Hand:
werksmißbräuchen sind von der Art, daß
wenn ihre Abstellung blos von der Landes:
obrigkeit durchgesetzt werden wollte, die
Gesellen den Ort verlassen, und in andere
Deutsche Provinzen, wo dergleichen Hand:
werkssatzungen nicht gesetzlich eingeschränkt
und aufgehoben sind, auswandern und
einen Mangel an Arbeitern verursachen wür:
den. Es ist also, zur Bewirkung einer für
ganz Deutschland gültigen Handwerksver:
fassung, unumgänglich nöthig, daß hier die
gesetzgebende Gewalt des Deutschen Reichs
ins Mittel trete, und für alle Deutschen
Länder festsetze, was von allen in denselben
befindlichen Handwerkern geschehen und un:
terlassen werden soll, um den Gesellen,
durch den Gedanken, daß sie es nun in an:
dern Deutschen Städten nicht anders fin:
den, als an dem Orte ihres gegenwärtigen
Aufenthalts, die Lust zur Auswanderung,
aus Trotz gegen die bestehenden Landesge:
setze, zu benehmen. Ob nun wohl mehre:
re der obgedachten Handwerksmißbräuche

und außer diesen auch noch der des sogenann=
ten blauen Montags, der nebst den noch
in mehreren Deutschen Ländern bestehenden
vielen Festtagen, durch den damit verknüpf=
ten Verlust an Zeit und Arbeit den Wo=
chenlohn vertheuert, durch förmliche Reichs=
schlüsse und ins Reich erlassene Kaiserliche
Patente verboten worden sind; so fehlt es
doch nicht an Beispielen, daß die Handwer=
ker, durch allerley Mittel in manchen Län=
dern bey ihren alten herkömmlichen Miß=
bräuchen, dem kaiserlichen Verbote zuwi=
der, sich gleichwohl zu behaupten gewußt
haben, und manche Deutsche Provinzialpo=
lizey hat nicht ohne Grund den Verdacht
auf sich geladen, nur darum die Abstellung
jener Mißbräuche verzögert und das Reichs=
gesetz in Ausübung zu bringen unterlassen
zu haben, um aus der Vollziehung der kai=
serlichen Befehle in den benachbarten Län=
dern und den darauf erfolgten Auswande=
rungen aus denselben, für ihre Gewerbe zu
profitiren, die auswärtigen Gesellen an sich
zu ziehen und dadurch die Konkurrenz der
Arbeiter in ihrem eigenen Lande zu beför=

dern. Da nun diese Maxime des Eigen=
nußes den dadurch benachtheiligten Staaten
nicht entgehen konnte, so erkaltete nun auch
ihr Eifer in Vollziehung der reichsgesetzli=
chen Maasregeln, die Angelegenheit gerieth
in ein allgemeines Stocken, und wir sehen
uns bis jetzt, kleine Ausnahmen abgerech=
net, wieder auf eben dem Punkte, auf
welchem wir in Ansehung dieses wichtigen
Gegenstandes vor den Jahren 1731. und
1772. als in welchen derselbe wiederholt in
Anregung kam, standen. Auf diese Art
hintertrieb also der unpatriotische Eigennuß
einzelner Stände ein gutes Werk, welches
nicht befördert zu haben, dem Deutschen
Areopag nicht zum Vorwurf gemacht wer=
den kann, das er aber durch die unzweck=
mäßige Regierungsform des Deutschen
Reichs durchzusetzen verhindert wird.

Auflagen auf die Gewerbe oder auf
die von denselben verfertigten Waaren
sind ebenfalls eine Ursache ihrer Vertheu=
rung und folglich des Verfalls solcher Nah=
rungszweige selbst. Manufakturisten, Fa=
brikanten und Handwerker können als sol=

che auf eine dreifache Weise besteuert wer=
den. Einmal so, daß man sie jährlich
ein bestimmtes Procent von dem reinen
Ertrage aus dem Kapitale, das sie in ih=
rem Gewerbe anwenden, bezahlen läßt;
zweitens, auf die Konsumtion der Waa=
ren, die sie liefern; und drittens durch
Besteuerung des Arbeitslohns.

Zuvörderst ist zu bemerken, daß erst=
lich alle Auflagen, sie mögen heißen wie
sie wollen, nur von dem reinen Einkom=
men der Staatsglieder erhoben, und also
diejenigen nicht zur Mitleidenheit gezogen
werden können, welche kein reines Ein=
kommen haben; ein reines Einkommen
aber nur die Grundstücke, die Kapitalien
und der Arbeitslohn gewähren; und daß
zweitens die Auflage gerade von dem
reinen Ertrage dieses bestimmten Indivi=
duums, und nicht von einem andern, rea=
liter entrichtet werden muß; weil es sonst
geschehen kann, daß einer doppelt, drei
und mehrfach besteuert wird, oder die Auf=
lage auch denen zur Last fällt, die wegen
Mangels an einem reinen Einkommen

nicht steuerbar sind. Was nun zuvörderst
die Auflagen betrifft, welche von dem reinen Ertrage aus dem auf ein Handwerk,
oder die Verfertigung von Fabrik- und Manufakturwaaren verwendeten Kapital erhoben werden, so sind diese nicht von der
Art, daß sie das reine Einkommen des
Fabrikanten treffen. Denn entweder ist
das Kapital, das er angewendet hat, gegen Zinsen erborgt, oder es war vor der
Zeit der Anwendung sein Eigenthum selbst.
Ist im ersten Falle die Konkurrenz solcher
Handwerksgenossen oder Fabrikanten so
stark, daß die Bestimmung der jährlichen
Zinsen für die geliehenen Kapitalien von
ihnen abhängt, so werden sie sich für die
ihnen aufgelegten Abgaben dadurch zu ent-
schädigen suchen, daß sie nun ihren Gläubigern weniger Zinsen verwilligen und also
ihnen die Auflage aufbürden. Der Zustand der Kapitalisten wird dadurch verringert, und sie werden genöthiget, ihre Kapitalien aufzukündigen und aus dem Lande
gehen zu lassen; welches denn auch den
Verfall der inländischen Gewerbe und den

Ruin der Fabrikanten nach sich ziehen wird.
Ist die Konkurrenz derer, die erborgte Kapitalien in ihrem Gewerbe angewendet haben, nicht so stark, daß sie dadurch den
Preis der Zinsen verringern können, so
werden sie, gleich den übrigen, die eigene
Kapitalien in ihrem Gewerbe angelegt haben, den Preis ihrer Waaren um so viel erhöhen, als die jährliche Auflage beträgt, also
werden im Grunde nicht sie, sondern die
Abnehmer ihrer Waaren besteuert; ja sie
selbst ziehen aus dieser Veranlassung zur
Erhöhung ihrer Waarenpreise noch einen
Vortheil für sich, da sich das Quantum der
jährlichen Abgabe nicht vollkommen auf die
in einem Jahre von ihnen verfertigten Stücke vertheilen läßt, und sie also das, was
in die Brüche fällt und auch wol noch ein
Mehreres, sich zu Gute gehen lassen. Sind
es Waaren, die mehr ins Ausland gehen,
als im Lande selbst abgesetzt werden, so
verderben sie sich durch Erhöhung der Preise den Markt; denn ihre Mitwerber im
Auslande werden nicht ermangeln durch
Beibehaltung der alten Preise den ihrigen

zu erweitern. — Uebrigens hat diese Be-
steurungsart der Gewerbe noch die Unbequemlichkeit, daß sich die Summe des
Kapitals, welches dabey angewendet wird,
und des reinen Ertrags desselben, ohne eine
Menge von Plackereien, Unannehmlichkeiten und der mühsamsten und in das kleinste
Detail der Angelegenheiten der einzelnen
Familien eingehenden Untersuchungen gar
nicht ausmitteln läßt, um eine Gleichheit
der Abgaben nach dem Verhältniß der Größe des reinen Ertrags zwischen den verschiedenen Familien, die ein und dasselbe Gewerbe treiben, beobachten zu können.

Die Auflagen auf die Consumtion der
Waaren sind eben so beschaffen, daß nicht allein der Fabrikant sich denselben entziehen
und sie durch verhältnißmäßige Steigerung
der Waarenpreise seinen Abnehmern auflas-
den kann, sondern daß sie auch sogar der ärme-
ren Volksklasse, die kein reines Einkommen
hat, eben dadurch, daß der Fabrikant den
jährl. Betrag der Auflage zu dem Preise der
Waare schlägt, mit zur Last fallen. Der
Fabrikant, der eben so gut als andere seinen

nen Antheil davon konsumirt, geht leer
aus; und wenn er in Ansehung der expor-
tirten Waaren, von denen er ebenfalls die
Waaren, die der Staat, sobald sie aus
dem Lande geschafft werden, für konsumirt
betrachtet, versteuern muß, die Preise erhöhen will, um sich seines Verlustes wieder
an seinen Abnehmern zu erhohlen, so ist zu
befürchten, daß er sich seine Kundschaft ver-
schlägt, und andere Mitwerber auf dem
fremden Markte ihn verdrängen, und er
wird um so mehr zu dieser Preißerhöhung
genöthiget seyn, als sein Gewerbe auf einem Kapitale beruht, das er verzinsen muß.

Mit den Auflagen auf den Arbeitslohn hat es dieselbe Bewandtniß. Jeder,
der aus rohen Materialien Waaren verfertiget, bestimmt den Preis dieser letztern
so, daß er zu dem, was ihm die rohen
Materialien gekostet haben, und was er
sonst noch, um ihnen die zu ihrem Gebrauch
und Verbrauch nöthige Form und Eigenschaft zu geben, aufgewendet hat, noch
für seine dabei gehabte Arbeit etwas Ge-
wisses in Anschlag bringt. Die Summe

R

dieſes Aufgeldes für die Arbeit an allen ſei=
nen, in einem Jahre gelieferten Waaren,
macht ſeinen reinen Gewinnſt aus. Hieraus
iſt leicht zu erſehen, daß es auch bey dieſer Be=
ſteurungsart in des Arbeiters Macht ſteht,
die ihm nach Maasgabe des Betrags ſeines
reinen Gewinnſtes aufgelegte Taxe von ſich
und durch Erhöhung des Preiſes ſeiner Ar=
beit denen, die ihn beſchäftigen, aufzubür=
den; wenn es auch möglich gemacht wer=
den könnte, die Summe ſeines reinen Ge=
winnſtes zu beſtimmen, woran doch, wegen
der mannichfaltigen im Wege ſtehenden
Hinderniſſe, gar ſehr zu zweifeln iſt.

Da nun den arbeitenden Gewerben
mit einer ſolchen Auflage, die eines Theils
mit ihrem reinen Ertrage in einem gerech=
ten Verhältniß ſtünde, und andern Theils
von den Arbeitern ſelbſt nicht von ſich ab
und auf andere Schultern gewälzt werden
könnte, nicht beyzukommen iſt; ſo dürfte
wol am rathſamſten ſeyn, wenn ſich der
Staat mit einer geringen Abgabe dieſer er=
werbenden Klaſſe, die doch auch gleichwohl
kein Recht hat, ſich den Beiträgen zu den

gemeinen Bedürfnissen zu entziehen, be-
gnügte, und dabey, um nur einigermaßen
in die jeder Gewerbsklasse zu bestimmende
Auflage, ein der natürlichen Gleichheit na-
he kommendes Verhältniß zu bringen, blos
den Unterschied der Gewerbe in blos hän-
delnde — Kaufleute und Krämer — in blos
arbeitende, und in zugleich arbeitende und
handelnde, zum Grunde legte, und jede
Klasse, je nach dem Umfange und der Er-
giebigkeit ihres Gewerbes, besteuerte. In
wiefern jedes Staatsglied nur nach dem
Verhältnisse seines reinen Ertrags zu den
allgemeinen Bedürfnissen beyträgt, kann,
bey einer nach den Gesetzen der Sparsamkeit eingerichteten Landesverfassung, und
wo die Beyträge der Unterthanen sich nicht
höher belaufen, als der dieser Verfassung
gemäße Aufwand erfordert, die Auflage
nicht anders als erträglich und den Gewerben unschädlich seyn; und eben diese gemä-
ßigte Eigenschaft der Abgaben benimmt denen, die sie erlegen, alle Veranlassung,
sie andern durch einen erhöheten Preis ihrer Waaren und ihrer Arbeit, aufzubür-

den. Der Landwirth beſtreitet ſie aus ſei=
nem reinen Gewinne, wie der Fabrikant,
Kauf= und Handelsmann, und iſt um ſo
weniger geneigt, ſie zu dem Preiſe ſeiner
Waare und Arbeit zu ſchlagen, je unbe=
trächtlicher der Theil oder Bruch der ge=
ringen Abgabeſumme iſt, der auf das ein=
zelne Maas oder Gewicht ſeines Produkts
oder ſeiner Arbeit fällt. Thut er es gleich=
wohl und ſchlägt vielleicht noch mehr als die
Summe der Abgabe beträgt, auf ſeine
Waaren, ſo werden auch die übrigen Ge=
werbe nicht ermangeln, ein Gleiches zu
thun; der Landmann muß den Handwerks=
mann, Fabrikanten und Kaufmann für
das, was er von dieſen bedarf, um ſo theu=
rer bezahlen, und die Sache ſteht wieder
auf dem Punkte, auf welchem ſie vorher
ſtand. Will eine Gewerbeart die andern
darum, daß ſie ihr das Uebermaaß im
Preiſe ihrer Waare durch einen gleichen
Aufſchlag des Preiſes der ihrigen wieder
zuſchoben, noch mehr ſteigern, ſo muß ſie
befürchten, ſich den Markt zu verderben,
und daß ihre bisherigen Abnehmer ſich an=

sich wohin wenden, wo sie wohlfeilern
Kauf haben. So gut ist es also, wenn
dem Handel und Wandel uneingeschränkte
Freiheit ertheilt wird; da diese Freiheit
selbst ein Gebiß in dem Munde dessen ist,
den seine Gewinnsucht über die Grenzen
der Billigkeit hinaus treiben will. Bey
der Besteurung der Gewerbe sind diejenigen, denen eine Taxe vorgeschrieben ist,
z. B. Bäcker und Metzger, niedriger an-
zuschlagen, als die, welchen keine Taxe
gesetzt ist, es wäre denn, daß die Taxen
aufgehoben würden, in welchem Falle aber
auch die Innungsverbindungen wegfallen
müßten.

Ein richtiges und gerechtes Auflagesystem setzt immer eine nach den Grundsätzen
einer weisen Staatshaushaltung eingerich-
tete innere Verfassung voraus, in welcher
das, was der Schweiß und Fleiß der producirenden Gewerbe zu Bestreitung der
öffentlichen Bedürfnisse opfert, nicht unnütz
verschwendet wird. So wie die Staatsausgaben in Europa, und in Deutschland
insbesondere, durch die vergrößerte Pracht

und den Aufwand der Höfe, durch den
über die Reichsverfassungsmäßige Obliegen=
heit erweiterten Umfang der Landesdefen=
sion, durch die Zertheilung der Länder un=
ter mehrere regierende Zweige, durch Ver=
vielfältigung der blos verzehrenden Klasse,
durch die aus den leidigen Kriegen und der
Verschwendung entstandenen Staatsschul=
den, sich immermehr angehäuft haben: ist
auch das Auflagesystem immer verwickelter
und verworrener geworden, und die Aufla=
gen sind jetzt in vielen Ländern so drückend,
daß sie einen beträchtlichen Theil des reinen
Gewinns der producirenden wegnehmen,
und selbst in die Substanz der blos verzeh=
renden Klasse greifen. Noch vor 200 Jah=
ren war, besonders im südlichen Deutsch=
land, wo man, bey dem festern Bande der
Kreisverfassung die weitern Kosten einer
eigenen Landesdefension ersparte, die Ein=
richtung des Steuerwesens sehr einfach.
Jede Obrigkeit hatte ihre Einlagsregi=
ster oder Schatzrollen, in welchen der
Unterthan sein sämmtliches inländisches und
ausländisches, liegendes und fahrendes

Vermögen, Vieh, Geld, Kaufmannschaft,
Gewerbe, eidlich bekannte, um hernach
darauf die Umlage der Steuer machen zu
lassen. Oft wurde auch die Steuer nach
Maasgabe der Amtsregister in runden Summen auf die ganzen Dörfer ausgeschlagen,
und von der Gemeinde selbst bey einer Zeche
auf die einzelnen Gemeindeglieder umgelegt;
wie solches z. B. 1577 bey dem Oberamt
Oettingischen Dorfe Ehingen geschehen,
auch im Solmsischen üblich gewesen, und
im Sain-Altenkirchischen noch seyn soll*).
Was vor diesem eine blos personelle Ver-
mögenssteuer war, hat nunmehr durch die
Einführung von Konsumtionssteuern, Accisen, Einmiethlingssteuern u. dergl. so viele
Zusätze erhalten, daß das, was der Hand-
werksmann jährlich an Abgaben zu entrichten hat, sich jetzt um die Hälfte, ja vielleicht um zwey Drittel höher beläuft, als
er sonst bezahlen mußte; und fährt die
Staatswirthschaft in ihrem Schuldenma-

---

*) S. Langs Hist. Entwickelung der
Deutschen Steuerverfassungen. S. 238.

chensystem so fort, wie sie angefangen hat,
so wird sie in nicht gar langer Zeit ihre Zuflucht zu Gottes Lüfte und Wasserkräften
nehmen müssen. Da die Ursachen der Vermehrung der Abgaben, so wie in Europa
überhaupt, also auch in Deutschland und
dessen einzelnen Ländern, allgemein sind,
und es auch nicht in der Gewalt des Kaisers und Reichs steht, den Reichsständen
das einzige Mittel, ihre Schulden durch
Erhöhung und Vermehrung der öffentlichen Auflagen zu tilgen, zu entziehen; da
Kaiser und Reich ferner erst dann, wann
ein Reichsland schon unter der Last des
Bankerotts mit dem Tode ringt, nicht ohne
Nachtheil für die Staatsbürger eines solchen
Landes zu Hülfe zu eilen pflegen, ohne sich
jedoch vorher um dessen staatswirthschaftli-
che Verfassung und Verwaltung im geringsten zu bekümmern; so haben auch die Gewerbe, so wenig als die übrigen produktiven
Klassen von dieser Seite, zu Ansehung ihrer
öffentlichen Lasten, etwas zu hoffen, und
die Erklärung Leopolds I.; daß kein Reichsstand seine Unterthanen über das, wozu er

durch Herkommen berechtigt ſey, beſtraft
ſollen, kann nur ſehr ſelten in Anwendung
gebracht werden; da vergleichen neue Auflagen eines Theils zu Tilgung der durch
Reichskriege verurſachten Landesſchulden
nothwendig gemacht werden müſſen, und
andern Theils, wenn ſie, wie es gewöhnlich der Fall iſt, verwilliget worden, nicht
unterſagt werden können. Der Schluß
bleibt immer der: ſo lange das Deutſche
Reich keine republikaniſche Verfaſſung erhält, die allein im Stande iſt, das ewige
Kriegführen und die willkührliche Verfügung über das Vermögen der Staatsglieder einzuſchränken, ſo lange werden dieſe
auch keine Hoffnung zu einer Erleichterung
ihrer öffentlichen Läſten vor ſich ſehen.

Der Zweck der Staatswirthſchaftlichen
Verwaltung iſt nicht, bey Aufrechthaltung
und Beförderung der Gewerbe ſich ſelbſt
und ihre gewerbetreibenden Unterthanen auf
Koſten der Nachbarn und ihrer Mitbürger
reicher zu machen. Es ſollte billig unter
den Deutſchen Gewerben ein vollkommen
freier Verkehr, vollkommene Gleichheit der

Abgaben durch das ganze Reich, Statt finden; kein Deutsches Land sollte mehr begünstiget oder beschwert seyn, als das andere. Vollkommene Freiheit und Gleichheit würde die Industrie unter den Hand-
werken, Manufakturen und Fabriken mehr
befördern, als alle künstlichen und ausschlie-
ßenden Mittel, die zuletzt alle andere Pro-
fessionen, die ihre rohen Produkte von den
Nachbarn ziehen, und die doch auch leben
und ihrem Vortheile nachgehen wollen, zu
Grunde richten; nur die am zweckmäßig-
sten geführte Staatswirthschaft würde den
Vortheil zuverläßig auf ihre Seite lenken,
und die, die der Arbeit und der Waaren
anderer bedürfen, würden durch die Vermehrung der Konkurrenz der Arbeiter,
Handwerker und Fabrikanten derselben Art,
nicht der Raub- und Gewinnsucht der städtischen Gewerbe preis gegeben seyn.

IV.

Von dem Handel.

Das Vermögen eines Volks, oder der Nationalreichthum besteht in der Summe aller unter dieser Nation vorhandenen Waaren, welche einen Tauschwerth haben. Man setze zwey Nationen die Waaren von gleichem Tauschwerth erzeugen, so wird die größere Quantität derselben für den größern Reichthum der einen von beiden entscheiden. Der Reichthum eines Volks beruht demnach auf der verhältnißmäßigen Mehrheit der bey ihm vorhandenen Waaren, die mit den Waaren anderer Völker von wenigstens gleichem Tauschwerthe sind. Ist der Werth der Waaren eines Volks und die Quantität derselben, dem Werthe und der Quantität der Waaren eines andern Volks gleich, so sind auch beide gleich reich. Reicher ist ein Volk vor dem andern, dessen Waaren, obgleich die Quantität derselben geringer ist, dennoch zusammengenommen einen höhern Tauschwerth haben als die größere Quantität der Waaren des andern

Volks; oder, deſſen Waaren, bey ihrem
zwar geringen Tauſchwerthe, doch in ſo
großer Quantität bey ihm vorhanden ſind,
daß die Summe ihres geſammten Tauſchwerthes die Summe des Tauſchwerthes
der Waaren des andern Volks überſteigt.
Alles, was nicht allein die Vermehrung
des Vorraths von Waaren, die einen
Tauſchwerth haben, ſondern auch die Erhöhung des Tauſchwerths derſelben, ſelbſt
befördert, vermehrt auch den Reichthum
einer Nation. Uneingeſchränkte Freiheit
der Landwirthſchaft, der Gewerbe und des
Handels und ihre zweckmäßige Belebung
und Unterſtützung ſind allein geſchickt, beides zu befördern; folglich ſind ſie auch als
ſolche die zweckmäßigen Mittel zur Vermehrung des Nationalreichthums. Denn da
die Summe aller unter einer Nation befindlichen Waaren aus den Waarenartikeln
aller einzelnen Perſonen, in deren Eigenthume ſie ſich befinden, beſteht, dieſe aber
um ſo mehrere und beſſere Waaren zu erzeugen vermögend ſind, je uneingeſchränkter
ihre Thätigkeit iſt, je mit größerem Vor-

theile sie ihr Kapital anwenden und benutzen können, und je mehr die Hindernisse,
die ihnen in ihrem Bemühen, die Quantität und den Werth ihrer Produktion zu
vermehren, im Wege stehen, von ihnen
entfernt werden; so muß diese ihnen in ihrem Gewerbe gegebene Freiheit, uneingeschränkte Thätigkeit und Unterstützung, die
ihnen ihren Privatreichthum zu vermehren
verstattet, auch den Nationalreichthum
vermehren.

Wie sehr die Freyheit des Handels den
Nationalreichthum zu befördern fähig ist,
erhellet aus dem Beispiele, das Frankreich,
unter der meisterhaften Verwaltung Sul-
ly's, gegeben hat. Vor seiner Zeit war
der Kornhandel ins Ausland, und sogar
unter den Französischen Provinzen selbst verboten, und allenthalben herrschte Mangel
und Theurung. Er stellte die Freiheit desselben wieder her, und Frankreich gelangte
bald zu einem Ueberfluß an allerley Lebens-
mitteln, und besonders an Getraide, daß
es dergleichen in Menge an fremde Nationen, besonders an England, verkaufen konn-

te. Nachdem man aber in der Folge diesen Grundsatz der Freyheit des Handels
wieder verlassen hat, ist diese Nation oft
dem Getraidemangel und der Hungersnoth
ausgesetzt worden.

Die Freiheit des Handels, so wie aller übrigen Gewerbe, gründet sich auf den
ursprünglichen Vertrag. Nach diesem vereinigen sich die Glieder einer Gesellschaft
unter eine gemeinschaftliche Gesetzgebung
und Regierung, um ihre gesetzlose Freiheit
aufzugeben und dagegen ihre Freiheit in einem rechtlichen Zustande unvermindert
wieder zu finden. Da nun der Handel in
einem Staate und aus einem Staate in
den andern das Resultat der rechtlichen Unternehmungen und Handlungen der einzelnen handeltreibenden Glieder des Staats
ist, so muß auch denselben die Freiheit zu
handeln, wie, womit und mit wem sie wollen, so lange als das Recht der Andern dabey nicht verletzt wird, ungeschmählert bleiben. Die höchste Staatsgewalt ist also
nicht befugt, einem Staatsgliede den Handel zu untersagen oder vorzuschreiben, oder

sonst Verfügungen und Anstalten zu treffen,
die den Unterthanen dieses Gewerbe er=
schweren, es einschränken und den durch den
Handel zu machenden Gewinn verkürzen
und vereiteln; vielmehr ist sie verpflichtet,
die Staatsglieder in dem rechtlichen Ge=
brauche der Handelsfreiheit zu handhaben,
und die etwa schon im Wege liegenden Hin=
dernisse derselben, wegzuräumen. Es ist
auch nicht die Sache des Staats, sondern
nur der Privatpersonen, sich durch Indu=
strie und Handel reicher zu machen; und so
lange der Staat den Handel nur nicht ein=
schränkt und beläſtiget, sondern nur ver=
theidigungs = und unterſtützungsweise zu
Werke geht, wird sich der Reichthum des
Staats schon von selbst ergeben. Eben so
soll der Staat den Handel nicht als eine
Quelle betrachten und behandeln, aus wel=
cher die öffentlichen Caſſen gefüllet werden
können. Der Kauf= und Handelsmann
mag, so wie andere producirende Staats=
glieder, für den Schutz, unter welchem er
sein Gewerbe treibt, eine, dem Umfange
seines Handels angemeſſene Steuer für sei=

ne Perſon entrichten; aber die Waaren
ſelbſt müſſen unbeſchwert bleiben; nur zu
den, zur bequemen Betreibung ſeiner Ge-
ſchäfte von Seiten des Staats getroffenen
Anſtalten, iſt er demſelben ſeinen Beitrag
zu liefern verbunden.

Dieſe einzige wahre Grundlage des
Europäiſchen, ſo wie eines jeden Handelsſy-
ſtems überhaupt, iſt bis jetzt faſt noch allgemein verkannt, und man hat demſelben
Grundſätze untergeſchoben und befolgt, die
von einer gerade entgegengeſetzten Natur ſind.

Unſer ſtaatswirthſchaftliches Syſtem
in Deutſchland, in Rückſicht auf den Handel, hat drey weſentliche Mängel: 1) fehlt
ihm Einheit, in Anſehung der zum Deutſchen Staatskörper gehörigen Länder und
Provinzen, in Betracht deſſen, was ſein
innerer Handel ſeyn ſollte; 2) fehlt es
dem Deutſchen Handel, man mag ihn entweder als ein einziges Syſtem, oder als
Aggregat ſo vieler vereinzelter Syſteme betrachten, in wiefern er ein auswärtiger
Han-

Handel ist, zwar an Unterstützung und
thätiger Mitwirkung, aber nicht an Einschränkungen seiner Freyheit von Seiten der
höchsten Gewalt im Deutschen Reiche; 3)
endlich leidet der Deutsche Handel der einzelnen reichsständischen Länder durch die
Befolgung der noch immer bestehenden irri-
gen Grundsätze der Staatswirthschaft in
Betreff des Handels.

i) Wenn Deutschland als ein un einer rechtlichen Verfassung stehender Staat
soll betrachtet werden können, so darf es
auch kein rechtliches Verhältniß unter den
Gliedern dieses Reichs geben, in Ansehung
dessen die Staatsglieder einzelner Deutschen Länder als von den Gliedern der übrigen ganz geschieden und als von der allgemeinen Reichsverbindung unabhängig zu
betrachten wären. Es müssen also die
Bürger der verschiedenen Reichsterritorien
auch in Ansehung des Handels, der ein
rechtliches Verhältniß stiftet, unter einem
der in einem rechtlichen systematischen Zusammenhange stehen; und was für einem

S

Staat überhaupt in Ansehung des Handels rechtsgültig ist, muß auch für das gesammte Deutsche Reich, so wie für jedes Reichsland insbesondere gültig seyn.

Dieser rechtlichen Einheit zufolge, kann es in Deutschland unter den das Reich konstituirenden Ländern selbst keinen auswärtigen, sondern nur einen innern Handel geben, und das Deutsche Reich nur in Rücksicht auf andere, zu seiner Verbindung nicht gehörige Nationen, einen auswärtigen Handel haben. Was sich also auf diesen auswärtigen Handel bezieht, sollte nicht auf Länder in Anwendung gebracht werden, die mit dem Reiche in einer unmittelbaren staatsrechtlichen Verbindung stehen.

Nach der bestehenden Verfassung und dem Deutschen merkantilischen Systeme betrachtet sich aber jedes unter einer und derselben Territorialhoheit stehende Volk, sehr inkonsequent, als von den übrigen Deutschen Völkern in Ansehung des Handels getrennt und den Handel mit seinen Deut-

schen Mitvölkern als einen auswärtigen Handel; jedes Deutsche Volk sucht
also, nach diesem Systeme, die sogenannte
Handelsbilanz gegen die übrigen auf seine
Seite zu ziehen und sich auf ihre Unkosten
zu bereichern. Die Verfügungen, die das
eine Deutsche Land trift, die Ausfuhr seiner Erzeugnisse zu begünstigen und die Einfuhr zu verhindern, trifft gegen ihn auch
der andere Deutsche Staat; willkührliche
Auflagen auf selbst sogenannte inländische
Handelszweige drücken den Handel, ohne
daß die höchste Gewalt des Reichs sich ins
Mittel legt; und so stehen nicht allein die
einzelnen Deutschen Länder unter einander
in Trennungen und Zwiespalt, sondern auch
das in jedem Lande befolgte System des
Handels mit sich selbst in Widerspruch; das
Interesse, das allen Deutschen Ländern,
als einem Ganzen, gemeinschaftlich
seyn sollte, ist völlig getrennt, und die
rechtliche Verbindung, so wie in andern,
also auch in Ansehung dieses Verhältnisses,
aufgehoben. Wenn es die Pflicht und die
Absicht der Regenten eines Staates ist und

seyn soll, den Nationalreichthum durch
Freilassung, Aufmunterung und Unterstützung des Kunstfleißes und Handels ihrer
Unterthanen zu vermehren, und dieses mithin auch die Pflicht und Absicht der höchsten Obrigkeit des Reichs, als eines
Staatskörpers, seyn sollte; wie ist es möglich, daß diese Pflicht erfüllt und diese Absicht erreicht werde, wenn sich alle einzelnen Deutschen Landesregierungen bestreben,
den Handel nicht allein ihrer eigenen, sondern auch ihrer Mitstände Unterthanen,
wechselseitig einzuschränken und zu beschweren, und hierunter dem gemeinschaftlichen
Interesse der Reichsverbindung entgegen
zu arbeiten, und daß dabey die höchste Gewalt des Deutschen Reichs gleichgültig zu-
sieht, und in dieser Rücksicht so gut als gar
nicht vorhanden ist? Es ist nicht möglich,
diesen Mangel der Einheit im Deutschen
Handelssystem zu heben, so lange die Organisation der gesetzgebenden und ausübenden Gewalten im Deutschen Reiche, den
Forderungen der republikanischen Staatsverfassung nicht entspricht, und so anbehö-

fen und inkonfequent bleibt, als fie noch
gegenwärtig ift. Die Menfchen aller Länder des Erdbodens follten darum, daß fie
unter verfchiedenen Regierungen leben,
überhaupt nicht getrennt feyn, wie viel
weniger diejenigen, welche zu einer und der-
felben ftaatsbürgerlichen Verfaffung gehören, wie die Deutfchen. Denn es ift
nicht der Zweck jener eingeführten Regierungen, die Menfchen ihrer Freiheit zu
berauben, fondern nur ihre wilde gefetzlofe
Freiheit in die Gränzen ihres rechtlichen
Gebrauchs zurückzuführen, und die Handlungen der Freiheit aller fo zu lenken, daß
keiner der Freiheit des andern Abbruch
thue; es ift nicht ihr Zweck, des Intereffe
der Völker zu trennen, fondern die Ge-
meinfchaft unter denfelben zu erleichtern und
zu befördern; es ift nicht ihr Zweck, fich
mit dem Schaden ihrer Unterthanen und
der benächbarten Völker zu bereichern, fondern durch Vertheidigung und Begünfti-
gung der Freiheit aller, einem jeden In-
dividuo und einem jeden Mitvolke den rechtlich freien Gebrauch feines Vermögens und

seines Fleißes zu sichern. Die Trennung
des politischen Interesse der Deutschen,
so wie der Europäischen Mächte überhaupt, hat auch die Trennung des Handelsinteresse derselben, da es einen Theil
von jenem ausmacht, zur Folge gehabt,
und nirgends ist ein Punkt zu finden, worin dieses gemeinschaftliche Deutsche Handelsinteresse vereinigt zu erkennen wäre.
Alle den Handel betreffende Verordnungen
und Anstalten der einzelnen Staaten stre-
ben dahin, den freien Verkehr unter den
Deutschen Völkerschaften einzuschränken und
zu hemmen, und sich einander die Vortheile
zu entreißen, die doch einzig und allein aus
dem freien und ungehinderten Verkehr der
Völker entspringen. Nirgends ist eine gemeinschaftliche Uebereinkunft und freund-
schaftliche Verabredung über das, was allen nützlich und vortheilhaft seyn kann,
über das, was andern schädlich seyn kann,
ohne uns selbst Vortheil zu bringen, und
über das, woraus wir Vortheil und Nutzen ziehen können, ohne den andern auf-
zuopfern; das meiste geschieht ohne nach-

bärliche Rücksicht und auf gutes Glück, es
mag gerathen oder verderben.

2.) Die höchste Gewalt des Deutschen
Reichs ist von jeher nicht allein um die Aufnahme des Deutschen Handels mit dem
Auslande, man mag ihn nun entweder als
ein System, oder als ein Aggregat von
Systemen betrachten, ganz unbekümmert gewesen, sondern sie trug auch von jeher noch
zur Einschränkung desselben bey. Im
Grunde ist es freylich gut, wenn sich die
Obrigkeiten so wenig, als es nur das rechtliche Bedürfniß verstattet, in die Handels-
angelegenheiten ihrer Unterthanen mischen,
und es dem Kaufmann, wie, wohin, womit und mit wem er handeln will, selbst
überlassen. Da aber die Regierungen der
Staaten das Princip der Socialität und des
freien gemeinschaftlichen Verkehrs unter
den Völkern gänzlich verlassen, und, durch
das Privatinteresse geleitet, auch die Handelspolitik zu einem besondern Zweige
der Staatspolitik gemacht haben, nach
welcher sie sich aller Vortheile zu ihrer und

Ihrer Unterthanen Bereicherung auf Kosten
anderer Staaten bedienen zu können glauben; so haben auch die höchsten Gewalten
Veranlassungen genug, sowohl ihre Hans
Delnden Unterthanen den ganzen Einfluß dieser Handelspolitik zu ihrem größten Nachtheile fühlen zu lassen, als ihnen gegen das,
was sie durch den Druck der Handelspolitik anderer Nationen zu leiden haben oder
befürchten müssen, durch ihr Ansehn und
ihre Verwendung zu Hülfe zu kommen.
Der Deutsche Handel wurde weniger durch
die Kaiser und Könige, die ihn nur in sofern begünstigten, als er ihre Einkünfte,
mittelst Anlegung von Zöllen vermehrte, als
durch die Betriebsamkeit und Thätigkeit der
Deutschen Kaufleute selbst gegründet; und
daß bis jetzt kaum noch ein Schatten des
Handels des ehemaligen Hanseatischen Bundes, bei den Fleiß und Kunstfleiß der Deutschen durch einen weit verbreiteten inländischen und auswärtigen Handel so sehr be-
lebte, übrig ist, daran ist doch auch, außerdem, was die Maasregeln des erwach-
ten eigenen Interesse anderer zur See hau-

————igſten Nationen hierzu beigetragen haben,
auch die Unthätigkeit und die Ungeneigtheit
der Deutſchen höchſten Reichs-Regierung
mit Schuld, deren Glieder es nicht ungern
ſahen, daß die Verbündung der Städte locke-
rer wurde, und dieſe ihre Macht verloren,
indeß ſich der Handel anderer Nationen,
beſonders der Engländer und Holländer,
durch die kräftige Mitwirkung ihrer Regierungen auf den Trümmern jenes Bundes
erhob. Die Deutſchen Fürſten begünſtig-
ten die Städte und ihren Handel ſo lange,
als ſie in der Macht derſelben ein Mittel
fanden, die Macht des Adels und der Geiſt-
lichkeit zu ſchwächen, und ihrer Territorialhoheit unterwürfig zu machen. Nach
der Erreichung dieſer Abſicht wurden ſie
gleichgültiger gegen die Städte; und das
Mittel, das den Bürgern ihre Macht gegeben hatte, die Einmüthigkeit der Deutſchen Fürſten in Begünſtigung der Städte
und ihres Handels, löſte ſich nun allmählig auf, und Trennungen traten zum Schaden der Einheit des Deutſchen Handels an
die Stelle derſelben, ſo wie man wähnte,

daß der eigene Vortheil des einen mit dem
Vortheile des andern nicht zu vereinigen sey.

Es ist nach der politischen Verfassung
und Regierungsform des Reichs sehr schwer,
und beinahe unmöglich, Einheit in das
Deutsche Handelssystem zu bringen, und
in Ansehung desselben solche Verfügungen
zu treffen, die den Handel aller Deutschen
Länder gleich begünstigen. Denn da die
Reichsstände, jeder für sich, ihr und ihres
Landes eigenes Handelsinteresse hauptsächlich befördern zu müssen glauben, das oft
mit dem Interesse des andern kollidirt,
und da gerade das, was allen nützlich wäre, uneingeschränkte Freiheit des Verkehrs
der Deutschen Völker unter sich und mit
Auswärtigen, alle die Mittel aufhebt, die
dieser und jener Reichsstand, zur Bereicherung seiner Kassen und zur Beförderung
der Commerzien in seinem Lande, in Anwendung gebracht hat; so werden gerade
diese, welche zugleich die mächtigern sind,
sich schwerlich zu solchen, gleichwohl sehr
reichspatriotischen Aufopferungen ihres Ei-

gennutzes verstehen. Und nimmt sich wol
das Reich eines Landes an, dessen Handel
von seinem mitständischen oder ausländi=
schen Nachbar gestört und gedrückt wird?
Um den Deutschen Seehandel gegen die
Eigenmacht anderer Seemächte, besonders
gegen die alles an sich reißenden Britten,
aufrecht zu erhalten, dazu wird Ueberein=
stimmung aller Deutschen Reichsstände zu
diesem Zwecke erfordert, durch die allein
eine, den Kräften eines so großen Reichs
angemessene Seemacht an den Deutschen
Küsten der Nord= und Ostsee und des Adria=
tischen Meeres unterhalten, und für ganz
Deutschland vortheilhafte Handelsverträge
und Seeneutralitätsbündnisse zur Aufrecht=
haltung der völkerrechtlichen Gleichheit ge=
gen Unterdrückungen und Anmaßungen frem=
der Habsucht errichtet werden könnten. Aber
eben dieser Mangel einer Respekt einflößen=
den Seemacht, läßt den Seehandel Preu=
ßens und Oesterreichs, da sie beide einzeln
und unabhängig vom Deutschen Reiche agi=
ren, nicht zu Kräften kommen, und sie
sowohl als Hamburg, Lübeck und Bremen,

müssen sich alles gefallen laffen, was fremde Willkühr über sie verhängt. . Nur dann
ist das Reich in Ansehung der Verfügungen
über den Deutschen Handel einig, wenn
es bey beschlossenen Reichskriegen, wie der
gegen Preußen und der noch jetzt dauernde
gegen Frankreich, darauf ankömmt, allen
freundschaftlichen und Handelsverkehr mit
der mit uns im Krieg gerathenen Nation
aufzuheben, und, ohne nach dem Nachtheil
zu fragen, der Deutschland daraus erwächst,
durch ins Reich erlassene Mandate den Handel mit der bekriegten Nation, den der
Krieg ohnehin schon selbst so unsicher und
beschwerlich macht, zu untersagen. Man
hat gut reden, daß diese Untersagung nur
auf Lebensmittel und alles das, was man
zum Kriegführen bedarf, eingeschränkt sey;
aber wie viele Artikel bleiben wol noch
übrig, welche Deutschland ausführen kann,
wenn man diejenigen abrechnet, die Armeeen und Flotten nöthig haben? und ist
es nicht schon Schaden genug, wenn auch
nur der Handel mit diesen Kriegsbedürfnis-
sen, die auch im Frieden Nothwendigkeiten

für alle sind, unterbrochen wird? Aber
so geht es! wenn der Krieg nicht ein Spiel
wäre, bey welchem sich in kürzerer Zeit
mehr gewinnen ließe, als was der Handel
den Fürsten in derselben Zeit gewährt, so
würden diese das, was ihnen der Handel
sichert, obgleich nicht so vollauf, einbringt,
nicht hazardiren. Ein Stück Land im Kriege zu gewinnen, dünkt ihnen besser und eh-
ter, als den Handel und die Gewerbe ihrer
Unterthanen zu befördern, dieselben dadurch wohlhabend, und sich selbst in ihnen
reich zu machen. Am wenigsten sollten sich
diejenigen entschließen zu solchen Kriegen
ihre Einwilligung zu geben, die gewöhnlich
nur gebraucht werden, die fremden Früchte
auf ihre Gefahr zu brechen, ohne sie doch
selbst kosten zu dürfen. Außer dieser Einschränkung des auswärtigen Deutschen Handels, zu welcher entstehende Kriege die Veranlassung sind, giebt es noch eine andere,
die zwar in der That von Seiten des Reichs
sehr gut gemeint ist, aber doch den beab-
sichtigten Zweck verfehlt, weil die Voraussetzungen und Bedingungen noch nicht rea-

lisiret sind, unter welchen allein sich ein glücklicher und unschädlicher Erfolg erwarten läßt; ich meine, die durch mehrere Reichsschlüsse verbotene Ausfuhr der rohen Erzeugnisse, besonders der Wolle, aus dem Reiche. Da aber die Reichsstände diese Einschränkung selbst unter einander in Ausübung bringen, so versparen wir die Betrachtung dieses Gegenstandes für die folgende Nummer, in welcher wir von der staatswirthschaftlichen Verwaltung der einzelnen Deutschen Länder zu handeln haben.

3.) Die staatswirthschaftlichen Grundsätze, welche in Deutschland sowohl überhaupt gegen fremde Nationen, als in jedem Deutschen Reichslande gegen das andere insbesondere, in Ansehung des Handels befolgt und geltend gemacht werden, und aus welchen alle die Maasregeln fließen, die der Aufnahme des innern sowohl als auswärtigen Handels nachtheilig sind, bestehen in folgenden.

Der Nationalreichthum besteht in der größern oder geringern Quantität des Goldes und Silbers.

Diese edlen Metalle können in ein Land, das keine Gold- und Silberbergwerke hat, nur durch die Handelsbalance, oder dadurch, daß es für seine ausgeführten Waaren mehr Geldeswerth erhält, als es für die von einer andern oder mehrern Nationen eingeführten Waaren entrichtet, eingebracht werden.

Um das Uebergewicht in der Waagschale des Handels auf unsere Seite zu lenken, muß die Einfuhr fremder Waaren in unser Land verhindert und erschwert, hingegen die Ausfuhr der unsrigen befördert und begünstigt werden; denn alle Einfuhr fremder Waaren ist mit Verlust, die Ausfuhr inländischer Waaren aber mit Gewinn für uns verknüpft.

Die Einfuhr ausländischer Waaren für die einheimische Konsumtion, wird bald durch starke Abgaben, die auf die fremden Waaren gelegt werden, eingeschränkt und erschwert, bald auch gänzlich verboten.

Die Ausfuhr einländischer Waaren sucht man hauptsächlich durch Rückzölle,

Prämien und vortheilhafte Handels verträge zu begünstigen und zu befördern.

Wir wollen zuvörderst den Werth jener Grundsätze prüfen, und dann untersuchen, ob denn auch jene Mittel, die Einfuhr zu erschweren und zu verhindern, so wie die Ausfuhr zu begünstigen und zu befördern mit den Grundsätzen eines auf die rechtliche Freiheit gegründeten vernünftigen Staats- und Völkerrechts bestehen können, und ob und in wie fern sie den Reichthum des Staats zu vermehren geschickt sind.

Der Staatsreichthum besteht nicht lediglich und allein in der Quantität des Goldes und Silbers, sondern überhaupt in der Summe aller in einem Lande befindlichen Waaren, die einen Tauschwerth haben. Eine Sache kann von großem Nutzen seyn, und überhaupt einen Werth haben, aber sie hat darum noch keinen Tauschwerth, z. B. das Wasser. Daß die Sache ein Bedürfniß für uns und andere ist, giebt ihr diese Eigenschaft noch nicht; diese erhält sie erst alsdann, wenn sie nicht allein ein

ein Bedürfniß, für andere ist, sondern auch
von denen, die ihrer bedürfen, ohne ein
Aequivalent dafür an ihre Eigenthümer zu
entrichten, nicht erlangt werden kann. Die
edlen Metalle würden keinen Tauschwerth
haben, wenn man sich ihrer weder zu Ge-
fäßen, Verzierungen und dergleichen, noch
als Tauschmittel bediente. Nur dadurch
erhielten sie einen Tauschwerth, daß man
ihren Gebrauch zu so mancherley Dingen
einführte. Ehe noch Geld vorhanden
war, mußte der, der jener Metalle be-
durfte, sie gegen andere Dinge eintau-
schen; diese Dinge hatten also eben so gut
einen Tauschwerth, als Gold und Silber,
und sie haben ihn noch, weil diese Metalle, in
so großer Menge man sie auch besitzen mag,
nicht das einzige Bedürfniß ausmachen,
sondern noch so viele andere und dringendere
Bedürfnisse vorhanden sind, die sie, in
der Qualität als Metall, nicht zu befriedigen vermögen. Selbst als Geld erhalten
sie ihren Tauschwerth nur durch das Daseyn
der größern oder geringern Quantität solcher Dinge, deren Bedürfniß nothwendig
T

und allgemein ist. Diese ersten Bedürfnisse für alle Menschen in allen Staaten,
wo Gold und Silber als Tauschmittel eingeführt sind, bestimmen ursprünglich den
Werth derselben. Die edlen Metalle machen also ebenfalls, in so fern, als sie einen
Tauschwerth haben, einen Bestandtheil des
Nationalreichthums aus; da es aber außer
ihnen und dem Gelde, das aus ihnen gewägt wird, noch ungleich mehrere Gegenstände giebt, die eben diesen Werth besitzen,
so besteht auch der Reichthum eines Staats
nicht blos und allein in Gold und Silber.
Auch macht das Geld nicht als Zeichen, sondern nur in so fern sein Material eben
so, wie andere rohe Materialien, durch
Fleiß producirt und gewonnen wird, einen
Theil des Staatsreichthums aus. Fremde
Nationen nehmen es nicht nach dem Werthe an, in welchem wir es ausmünzen, und
den wir darauf prägen lassen, sondern nur
nach seinem innern Gehalte, den das Geld
nicht und die Probe ausweist. Also kann
Geld nicht einmal mit Waaren anderer
Art, zu deren Tausch, und Kaufwerth auch

der Lohn des Fleißes und der Arbeit geschlagen wird, in Vergleichung kommen.

Hieraus folgt unmittelbar, daß es
falsch ist, zwischen zwey und mehreren Nationen eine Handelsbalance anzunehmen,
die blos durch die Summe des im Handel
zwischen ihnen mehr empfangenen oder aus-
gegebenen Geldes bestimmt würde. Denn
außer dem Gelde giebt es noch mehrere
Dinge, die einen Tauschwerth haben; es ist
auch kein Grund vorhanden, warum diese
bey der Handelsbalance eines Staats
nicht mit in Anschlag gebracht werden sollen; das Geld entscheidet also über das
Gleichgewicht des Handels eines Volks
nicht allein. Darum, daß ein Volk weniger Geld einnimmt als das andere, steigt
seine Schaale in der Wääge des Handels
noch nicht, wenn nur die Waaren, die es
besitzt und eingetauscht hat, mit seinem
wenigern Gelde, von größerm Werthe sind,
als die wenigern Waaren und das mehrere
Geld, das in dem Besitze des andern
Volks ist. Der Vorrath der ländischen und

Ueberhaupt giebt es aber gar keine Handelsbalance, die für das eine Volk vortheilhaft und für das andere, oder die übrigen,
nachtheilig wäre. Für beide ist der Handel vortheilhaft, für beide nicht schädlich;
denn beide tauschen ihre Waaren gegen einander um, sie mögen nun in Produkten
oder in Gelde bestehen; ein Volk kann im
Handel nicht mehr vertauschen als was es
hat, und vertauschen kann, und dafür erhält es immer den Tauschwerth wieder, es
sey denn, daß es sich von dem andern be-
trügen ließe und weniger an Tauschwerth
erhielte, als es selbst gegeben hat. Setzet
die ganze im Handel zirkulirende Summe
des Tauschwerths eines Volks A. an Geld
und Produkten bestände in dem Werthe
von 2 Millionen Rthlr., die des andern
mit ihm handelnden Volks B. in 6 Millionen: so kann A. von diesem nicht mehr
empfangen, als die Summe des Tauschwerths seiner Waaren und seines Geldes
beträgt, und B. ihm nicht mehr geben,
als es von ihm an Werth dafür empfängt.
das Verhältniß der Summe des Tausch-

werths bleibt also daſſelbe, nur die Gegen=
ſtände des Tauſchwerths haben ſich geän=
dert; A. hat für 2 Millionen Rthlr. an
Werth hingegeben und empfängt dafür ſo
viel von B. wieder; die 4 Millionen, welche
B. an Tauſchwerth noch übrig hat, führt es
andern Völkern zu, und empfängt dafür von
denſelben eben ſo viel an Werthe wieder. B.
hat alſo zwar einen Handel von größerem
Umfange als A., aber dieſes verliert nicht,
da es gerade ſo viel an Tauſchwerth von
jenem wieder erhält, als es ihm gab. Es
iſt ein Wahn, wenn man glaubt, ein Volk
verliere in ſeinem Handel, wenn es dem
Volke, mit welchem es handelt, nicht eben
ſo viel Tauſchwerth an Waaren entgegen
ſetzen kann, ſondern zur Erfüllung der
Summe des Werths der erhaltenen Waa=
ren noch baares Geld zuſchießen muß. Denn
aus irgend einer Quelle muß das Geld kom=
men, entweder aus den Minen oder aus
dem Handel mit eigenen Erzeugniſſen, oder
aus dem Zwiſchenhandel; da ſich aller Han=
del mit Auswärtigen, d. i. die Umſetzung
des wechſelſeitigen Tauſchwerths der Völ=

ker eben so verhält, wie die Summe des im
Handel zirkulirenden Tauschwerths eines
jeden, es mag derselbe nun entweder blos
in Waaren, oder blos in Gelde, oder in
beiden zugleich bestehen; so wird auch keins
dieser Völker von dem andern mehr gewinnen, als jedes andere von ihm gewinnt, und
folglich auch keins gegen das andere verlieren. Wollte man annehmen, daß bey
dem Handel zweier Nationen, immer die
eine gewönne und die andere verlöre, so
würde folgen, daß die verlierende Nation
endlich so weit herunter kommen müßte,
daß sie gar nichts mehr an Tauschwerth
übrig behielte; es würde folgen, daß die
verlierende gegen das, was sie giebt, von
der gewinnenden Nation solche Dinge erhielte, die für jene weniger oder gar keinen Tauschwerth hätten; beides wider-
spricht aber dem Begriffe einer handelnden
Nation, und ist mithin, so lange der handelnde Theil der Nation nicht aus Wahn-
sinnigen oder Kindern besteht, die ihre
Kleidungsstücke und Nahrungsmittel für
Tand von sich werfen, gar nicht denkbar.

Die größere Quantität des Geldes in einem Lande ist nicht die Ursache seines größern Reichthums vor andern Ländern. Ein Land, das nichts hervorbrächte als Gold und Silber, würde darum nicht reicher seyn als ein anderes, dessen Erzeugnisse in den ersten Nothwendigkeiten des Lebens bestehen; dieses letztere Land könnte des Goldes und Silbers des erstern gar wohl entbehren, dieses aber nicht der Lebensnothwendigkeiten des andern; das Kornland würde also dem Golde und Silber des andern seinen Werth bestimmen, nicht aber umgekehrt; und der Werth des Goldes wird überhaupt von der Konkurrenz der Kornländer und von dem Grade abhängen, in welchem das eine Kornland den Besitz des Goldes und Silbers mehr wünscht als das andere. Das Land, in welchem Landwirthschaft und Manufakturen blühen, wird also auch um so reicher als das Goldland seyn, je mehr das letztere der Waaren des erstern, und je weniger dieses des Goldes und Silbers von jenem bedürfte. Die Quellen des Geldreichthums in einem Lande, das

keine Gold- und Silberbergwerke besitzt,
entspringen aus der Landwirthschaft, den
Manufakturen und dem Handel; was diese
aber das eigene Bedürfniß und den eigenen Verbrauch erübrigen, und an andere Länder gegen ein Äquivalent abgeben, ist Gewinn, er mag nun in Waaren oder dem
Repräsentanten ihres Werths, dem Gelde,
bestehen. Gesetzt, es wäre möglich, daß
eine Nation durch ihren Handel alles Geld
der andern bis auf den letzten Heller an sich
ziehen könnte, so würde in und zwischen
diesen des Geldes völlig beraubten Völkern
der Tausch von Waaren gegen Waaren und
von Arbeit gegen Waaren wieder eintreten;
das geldreiche Volk stünde entweder isolirt
für sich da, oder es müßte sich auch zum
Tauschhandel mit den übrigen bequemen,
oder ihnen ihr Geld für die von ihnen er-
handelten Waaren wieder geben, wenn es
mit ihnen handeln wollte. Will es abge-
sondert von allen übrigen für sich leben, so
wird das Geld, wegen der Menge desselben, von höchst geringem Werthe; und
diese dem Verhältnisse der Zahl der verzeh-

renden Klasse, zu der Zahl der producirenden gleich seyn; das Total der Kaufmannschaft hat also keinen Vortheil von seinem Reichthum, da jedes Individuum derselben nunmehr seine Bedürfnisse und Arbeiter um so theurer erkaufen muß, als es reicher geworden ist, und sie stehen mit den Individuen der andern Nationen in gleichem Zustand, da diese für Bedürfnisse und Arbeit auch nur nach dem Verhältniß mehr oder weniger an Waaren zur Bezahlung geben, als der durch die größere oder geringere Konkurrenz derselben, und in Verbindung mit der größern oder geringern Konkurrenz der Nachfragenden bestimmte Werth beträgt. Sieht sich das geldreiche Volk um der Bedürfnisse willen, die es nicht aus seinen eigenen Mitteln befriedigen kann, genöthiget, mit den andern Völkern wieder in Handel zu treten, so hängt es nun wieder von diesen ab, ob sie blos mit ihm tauschen wollen; je größer und dringender nun das Bedürfniß des Geldlandes ist, das durch diesen Tauschhandel befriediget werden soll, desto höher

wird auch der Werth seyn, den es den
geldlosen Völkern zu vergüten hat; und
eben dieses wird der Fall seyn, wenn sie den
Preis ihrer Waaren wieder in baarem
Gelde von ihm annehmen, das nun
mählig wieder dahin zurückfließen wird,
woher es gekommen war.

Der eigentliche Reichthum eines Landes besteht in dem, was Fleiß und Arbeit
dem Boden abnöthiget und dem Werthe der
rohen Produkte der Landwirthschaft zulegt.
Jemehr in einer Nation an rohen Produkten erzeugt und verarbeitet wird, als in einer andern, um so reicher ist sie vor dieser.
Da der Boden und die Beschäftigungen des
Kunstfleißes die Quelle des Nationalreichthums sind, so muß auch das, um wie viel
eine Nation in einem bestimmten Zeitraume reicher geworden ist, hauptsächlich zur
Beförderung einer noch höhern Kultur und
Vervollkommnung der Quellen ihres Reichthums angewendet werden. Um einen auswärtigen Handel treiben zu können, muß
eine Nation von dem Handelsartikel, den

fie der andern zuführt, mehr produciren,
als fie felbst davon bedarf. Ist das Er=
zeugniß nur zu ihrem eigenen Bedürfniße
hinreichend, fo kann es nur ein Gegen=
stand des innern Handels feyn. Um fo
viel eine Nation von ihren Erzeugnissen bey
den übrigen mehr abfetzt, als eine andere
von den ihrigen, um fo viel reicher als
diefe, ist auch die erstere durch ihren aus=
wärtigen Handel. Der durch den auswär=
tigen Handel entstehende Reichthum eines
Volks hängt alfo lediglich von der Quanti=
tät des Tauschwerths feiner eigenen Erzeug=
nisse und Waaren ab, fo wie der aus dem
Zwischenhandel entspringende Vortheil blos
durch die Menge der aus andern Ländern
eingeführten, und wieder in ein anderes
Ausland spedirten und transportirten Waa=
ren bestimmt wird. Man kann aber dar=
um, daß ein Volk in feinem Handel mit
den andern Völkern mehr einnimmt als
eins von diefen durch den feinigen, nicht
fagen, daß das Gleichgewicht des Handels
zwischen diefen und jenem gehoben, für das
eine vortheilhaft und für das andere fchäd=

lich fey; der Umfang des Handels des einen
Volks ist nur größer, als der Umfang des
Handels des andern; vermöge des größeren
Quantums des Tauschwerths aller seiner
in einem Zeitraume ausgeführten Erzeugnisse. Nimmt es auch eine denselben angemessene größere Summe in den dafür ein-
getauschten Waaren und dem, was den
Werth derselben repräsentirt, wieder zurück; dahingegen ein anderes Volk, das
nicht so viel erzeugt und ausführt, um so
weniger an Tauschwerth zurück erhält, als
der Werth seiner Ausfuhr geringer ist, als
der Werth der Ausfuhr jenes reichern
Volks, obwohl es dabey in seinem Handel
mit demselben nichts verliert.

Da es nun, wie gezeigt worden, keine Handelsbalance zwischen zwey Völkern
giebt, die dem einen vortheilhaft und dem
andern schädlich wäre, so kann auch kein
Mittel gedacht werden, dieselbe zu unserm
Vortheil und zum Nachtheil des mit uns
handelnden Volks zu lenken. Wohl aber
kann ein Volk die Summe seines Natio-

nalreichthums durch die Vermehrung und
Verbesserung seiner Erzeugnisse erhöhen, in
wiefern es gleiche Preise, bey gleicher Güte der Waaren, halten, oder diese noch
wohlfeiler als andere liefern kann. Diese
Vermehrung und Vervollkommnung der inländischen Erzeugnisse hängt lediglich von
dem Zustande der Landwirthschaft und der
Manufakturen, mithin von allen den bereits
oben bei der Abhandlung dieser beyden Gegenstände von uns angeführten rechtlichen
Mitteln ab, welche die staatswirthschaftli-
che Verwaltung eines Landes zur Verbesserung jenes Zustandes in Händen hat. Diese Mittel müssen aber rechtlich seyn, d. i.
sie dürfen den Grundsätzen des öffentlichen
Rechts, folglich einer staatsbürgerrechlichen,
völkerrechtlichen und weltbürgerrechtlichen
Verfassung nicht widerstreiten. Die Elemen-
te dieser rechtlichen Verfassung sind in Rücksicht auf Handel und Wandel folgende:
1) die höchste Gewalt darf die Freiheit der
Glieder der Gesellschaft, als Menschen,
nicht einschränken, so lange durch den Gebrauch dieser Freiheit, keinem Mitgliede

Unrecht geschieht. 2) Da eben das Recht,
auf welchem die Freiheit des einzelnen
Menschen, als Gliedes einer Gesellschaft
beruht, auch die Freiheit eines Volks be-
gründet, so muß auch die Freiheit des Handels und Wandels eines Volks von den
übrigen ungestört und uneingeschränkt bleiben, so lange durch den Gebrauch dieser
Freiheit dem andern Volke kein Unrecht
gethan wird. 3) Jeder fremde Ankömmling, aus welchem Volke oder Völkerbunde
er sey, hat, vermöge des der Menschen-
gattung zuständigen Rechts des gemeinschaftlichen Besitzes der Erdoberfläche, die
Befugniß, sich dem Volke, zu dem er
kömmt, zur Gesellschaft anzubieten, und
einen Verkehr mit dessen Einwohnern zu
versuchen, und er kann, so lange, als er
dieses Volk in seinen Individuen nicht
durch Unrecht verletzt, verlangen, daß er
bei seinem Aufenthalte, Handel und Wandel unter demselben, geschützt werde. (1

Aus allem diesem folgt, daß die Ge-
walthaber der Staaten kein Recht haben,

den Staatsgliedern den Handel unter einander und mit dem Auslande oder mit
fremden Ankömmlingen, die mit ihnen
handeln wollen, durch Zwangsmittel zu erschweren und einzuschränken; wohl aber
sind sie befugt, durch solche Anstalten und
Anordnungen, die keinen Zwang enthalten,
die Commerzien des Volks so zu befördern
und zu leiten, daß es von seinen Erzeugnißen, seinem Fleiße und Kapitale den
möglich größten Vortheil machen kann.

Nach diesen Prämissen werden wir
nunmehr die Beschaffenheit der Maasregeln, die die Regierungen gewöhnlich ergreifen und im Gange erhalten, um die
Vortheile des Handels ihrer Völker mit
auswärtigen auf ihre Seite zu lenken, leicht
beurtheilen können. Diese Maasregeln
bestehen in dem gewöhnlichen Verbote der
Einfuhr fremder Waaren, und in der
Beschwerung derselben mit Abgaben, unter den Namen von Zöllen, Mauth u. s. w.
so wie in Begünstigung und Beförderung
der Ausfuhr inländischer Produkte durch

Rückzölle, Prämien und Handelsverträge. Schon beim ersten Anblick sieht man, wie widersprechend es ist, daß jedes Volk, seinen Handel durch Erschwerung der Einfuhr und Begünstigung und Erleichterung der Ausfuhr emporbringen will. Wenn alle Völker, wie es denn auch bis jetzt noch geschieht, dieses als allgemeine Maxime annehmen und befolgen, mithin bey einem jeden die Einfuhr fremder Waaren verboten und beschwert und die Ausfuhr begünstiget wird, so entgeht auch einem jeden der Vortheil, den er sich aus der Befolgung dieser Maxime verspricht, und keines verspürt davon einen Nachtheil, weil, wenn das eine Volk die Einfuhr fremder Waaren verboten oder mit Abgaben belegt hat, auch die Einfuhr der Waaren dieses Volks bei dem andern gleichmäßig verboten oder beschwert ist. Es wäre sonach entweder gar kein auswärtiger Handel bei irgend einem Volke möglich, oder in wiefern er gleichwohl, da das Verbot der Einbringung fremder Waaren nur auf gewisse Gattungen von Waaren eingeschränkt ist, noch

Statt

Statt findet, hebt sich der auf die Kaufleute aus der Beläſtigung der Einfuhr und
Begünſtigung der Ausfuhr eines jeden in
ſeinem Lande fallende Verluſt und Gewinn
gegen einander auf, und der Vortheil von
der erſchwerten Einfuhr fällt blos in die
Kaſſen der Landesregierung, und den einheimiſchen Kaufleuten entgeht der Vortheil,
den ihnen die auf die Ausfuhr geſetzte Begünſtigung gewähren ſollte.

Laßt uns dieſen Gegenſtand noch von
einer andern Seite betrachten. Man behauptet, daß die Einfuhr fremder Waaren
den inländiſchen Gewerben ſchädlich ſey,
und ihre Vervollkommnung zurückhalte;
mithin müſſe dieſelbe nach Beſchaffenheit
entweder gänzlich unterſagt, oder durch Be-
legung mit Eingangsrechten erſchwert werden. Ich will beweiſen, daß jene Behauptung grundlos ſey, und daß die freie
Einfuhr fremder Waaren nicht allein der
Erweiterung und Vervollkommnung der innern Gewerbe nicht hinderlich, ſondern
auch das Verbot und die Einſchränkung der

U

selben der Freiheit der Staatsglieder, und
der Völker im Handel und Wandel entge=
gen sind.

Die verbotene oder mit Abgaben be=
schwerte fremde Waare kann entweder in
unserm Lande erzeugt werden oder nicht.
Im letztern Falle kann die Einfuhr solcher
Waaren dem innern Gewerbe nicht schädlich
seyn, weil niemand im Lande ist, der sich
mit diesem Gegenstande der fremden Ein=
fuhr beschäftiget; und es ist ungerecht, so=
wohl den Inwohnern den Gebrauch und
Genuß, als der fremden Nation den Absatz
dieser Waaren zu untersagen und zu er=
schweren, da es von jeder Privatperson
abhängt, welchen rechtlichen Gebrauch sie
von ihrem Eigenthume machen will, und
auch keinem fremden Ankömmling willkühr=
lich untersagt oder erschwert werden kann,
mit Personen aus unserm Lande auf ehrli=
che Weise Verkehr zu treiben. Und wenn
eine Gemeinschaft und ein freundschaftliches
Verhältniß unter den Völkern nur durch
Verkehr und Handel zur Beförderung der

Humanität und zur Abschleifung der äußern
Sitten, die die Annahme sittlicher Grundsätze mit vorbereiten hilft, gestiftet werden
kann, so ist ein Verbot und eine Erschwerung des Handels der Nation mit Produkten, die jeder ausschließend eigen sind,
um so tadelnswerther, als ein Handel von
dieser Art nicht einmal einen Schein von
Nachtheil, den er jemanden bringen könnte,
gegen sich hat.

Ist die verbotene und beschwerte fremde Waare eine solche, die auch in unserm
Lande erzeugt wird, und nicht allein mit
jener von gleicher Güte, sondern auch noch
wohlfeiler, so ist ein Verbot oder eine Erschwerung der fremden Einfuhr ganz vergeblich, da kein nur mit halber Vernunft
begabter Mensch so thöricht ist, das, was
er im Lande selbst eben so gut und noch
wohlfeiler haben kann, dem fremden Kaufmann theurer zu bezahlen. Ist die fremde Waare besser, und entweder eben so wohlfeil, oder theurer, oder noch wohlfeiler, so
darf dem Unterthan die natürliche Freiheit

U 2

nicht bekommen werden, die beſſere Waare des Fremden, der ſchlechtern des Einheimiſchen vorzuziehen; und es giebt keinen
Rechtsgrund, aus welchem man ihn nöthigen könnte, wider Willen ſich der ſchlechtern einheimiſchen Waare zu bedienen; da
der inländiſche Verkäufer kein Recht hat
und haben darf, ihn zu zwingen, daß er
ſelbſt Waare von ihm nehme. Wenn auf
der Seite deſſen, der zwingen will, gar
kein rechtlicher Grund vorhanden iſt, hingegen auf der Seite deſſen, der gezwungen werden ſoll, ein ſolcher Grund Statt
findet, ſo iſt auch aller Zwang ungerecht
und deſpotiſch. Dem Zwingenden fehlt
aber ein ſolcher Grund, ſo bald der Käufer
bei dem fremden Kaufmann entweder beſſer
oder wohlfeiler kaufen kann. Iſt dem Käufer nur mit der beſſern Waare, ſie ſey theurer oder wohlfeiler, gedient, ſo iſt der
Zwang, den man ihm anlegt, ſich der
ſchlechtern zu bedienen, eine Einſchränkung
ſeiner Freiheit, nach der es von ihm ſelbſt
abhängen muß, das Beſſere dem Schlech-
tern vorzuziehen, und ſein Vermögen ſo

anzuwenden, wie es ihm am zweckmäßig-
sten zu seyn scheint; und eben so ungerecht
ist es, ihm den Vortheil zu entreißen,
wenn man ihn zwingen will, bey dem inländischen Kaufmann theurer als bey dem
fremden einzukaufen.

Ist die verbotene und beschwerte fremde
Waare ein noch rohes unverarbeitetes Produkt, das im Lande auf irgend eine Art,
es sey nun zum unmittelbaren Genuß oder
zur Verarbeitung für den innern und äußern Handel, Bedürfniß ist, so sind die
Verbote und Beschwerungen einer solchen
Waare nicht blos staats- und völkerrechts-
widrig, sondern auch im höchsten Grade
unklug. Bestehen dergleichen Waaren in
Erzeugnißen, die zu unserer Nahrung und
Kleidung dienen, so versperren wir ihnen
dadurch den Zugang, und setzen die Einwohner entweder in die Gefahr eines gänzlichen Mangels an diesen Nothwendigkeiten, oder in die Verlegenheit, sie, im
Fall sie auch im Lande selbst, es sey nun in
hinlänglicher Quantität oder nicht, erzeugt
würden, theurer bezahlen zu müssen; es

soll aber der Zweck der Staatsverwaltung
nicht seyn, die Inhaber der Landwirthschaft auf Unkosten der übrigen Staatsglieder zu bereichern. Sind die rohen Produkte Gegenstände der inländischen Manufakturen oder des Zwischenhandels, so ist
der Nachtheil, den aus dem Verbote oder
der Belästigung der Einfuhr derselben erwächst, eben so augenscheinlich. Manufakturen und Handwerke müssen bey einem
gänzlichen Verbote oder bei Beschwerungen solcher rohen Produkte entweder ganz
aufhören und zu Grunde gehen, oder sie
können nicht zu Kräften kommen, da sie
weder so viele Hände beschäftigen, noch wegen der höhern Preise ihrer Waaren, oder
ihren Markt einschränkt, einen hinlänglichen und vortheilhaften Absatz machen
können.

Man kann es nicht oft genug wieder-
holen, daß die Regierungen nicht gestiftet
sind, um die Völker zu trennen, und durch
die einer jeden Oberherrschaft gesteckten
Gränzen, wie Heerden verschiedener Eigenthümer, von einander zu scheiden, son-

fern blos, um den Eigenwillen eines Unterthans, in wiefern er die Freiheit des
andern dem allgemeinen Willen zuwider
einschränken will, zu brechen und die Hindernisse, die dem rechtlichen Gebrauche der
Freiheit, sowohl eines jeden Einzelnen von
Seiten seiner Mitunterthanen, als auch
des Volkes selbst von Seiten anderer Völker im Wege stehen, zu entfernen und ihre
Gemeinschaft zu erleichtern. Es giebt al-
lerdings Mittel, wodurch sich einzelne Völker zu einem höhern Grade des innerlichen
Wohlstandes erheben lassen; diese dürfen
aber keine solche seyn, die es andern Völkern unmöglich machen, sich zu einem gleichen Grade des Wohlstandes zu erheben.
Die Erzeugnisse des Bodens und des Kunstfleißes lassen sich in einem Lande vermehren und verbessern und dadurch zu einer
Quelle des Nationalreichthums machen,
ohne daß man nöthig hat, irgend eine Art
der Gewerbe unter dem Volke selbst oder
den Verkehr anderer Völker mit den unsrigen zu hemmen. Die Erhöhung des Wohlstandes einzelner Menschen und Länder,

hängt, und von dem Grade der Freiheit,
welcher sich die landwirthschaftlichen Zweige und die Beschäftigungen des Kunstfleißes mit denselben zu erfreuen haben, und
von der Thätigkeit, mit welcher dieselben
betrieben werden, ab; diese Freiheit und
Thätigkeit ist aber eben so wenig eine nothwendige Folge der Verbote und Einschränkungen fremder Erzeugnisse, als diese letz-
teren die einmal unter einem andern Volke gegründete Freiheit und Thätigkeit zu
zu äußern, Vortheile aufzuheben und zu schwä-
chen, fähig sind. Es sind nur zwey Fälle
denkbar, in welchen ein Land mit einem
andern in Ansehung eines und desselben
Handelsgegenstandes rivalisiren kann. Entweder hat ein Land in der Hervorbringung
einer gewissen Waare natürliche oder er-
worbene Vorzüge vor dem andern voraus,
so, daß es die Waare ungleich besser und
wohlfeiler, oder wenn auch gleich nicht besser, doch viel wohlfeiler verfertigen und
verkaufen kann, als das andre Land; oder
die Vorzüge in Erzeugung dieser Waare
sind bey beiden Ländern gleich. Im er-

sten Falle wird kein Verbot der Einfuhr der
Waaren des von der Natur begünstigte=
ren Volkes ds aandere minder begünstigte
in den Stand zu setzen vermögend seyn, mit
jenem in Preise der Waare gleichen Schritt
zu halten; und es würde höchst thöricht und
ungereimt seyn, den Fleiß des minder begün=
stigten Volkes, von Beschäftigungen, die ihm
sein Boden, sein Klima, seine Lage und seine
zufällig erworbenen Vortheile am einträglich=
sten machen, ab und auf solche zu lenken, in
deren ausschließendem Besitze sich schon ein
anderes in dieser Rücksicht vor ihm ungleich
mehr begünstigtes Volk unabtreiblich gesetzt
hat und befindet. Haben beide rivalisiren=
de Völker gleiche Vorzüge in Ansehung die=
ses oder jenes Erzeugnisses mit einander
gemein, so wird das von dem einen Volke
verordnete Verbot der Einfuhr derselben
Waare des andern Volkes, jenem zu nichts
dienen; denn das letztere wird ein gleiches
Verbot der Waare auch über das erstere
verhängen, und es wird nicht allein ein
feindseliges Verhältniß zwischen beiden Völ=
kern gestiftet, sondern auch in beiden Län=

dem eine Art vom Monopol, oderdurch die verminderte Konkurrenz der Verkäufer, eingeführet werden; das dem inländischen Käufer die Preise um so mehr erhöhet, jemehr
diese Waare ein für ihn unentbehrliches
Bedürfniß ist; und was den Absatz dieser
Waare in dem für beide Völker unverschlos-
senen Auslande betrift, werden sich die
Kaufleute beider wechselsweise zu ihrem eigenen Nachtheile, und zum bloßen Vortheile
des Auslandes, durch möglichste Erniedri-
gung ihrer Waarenpreise den Markt verderben. Das Produkt einheimischer Industrie ein irgend einem Gewerbe (durch
Verbot der Einfuhr eben dieser Produkte
und durch hohe Auflagen auf dieselbe zu
einem Monopol des einheimischen Marktes
machen, sagt Smith sehr richtig, heißt
gewissermaßen Privatleuten vorschreiben,
auf welche Art sie ihre Kapitalien anwenden sollen, und ist in fast jedem Falle eine
entweder unnütze oder sogar schädliche Verordnung. Kann das einheimische Produkt
eben so wohlfeil, als das ausländische, auf
den inländischen Markt gebracht werden, so

iſt eine ſolche Verordnung augenſcheinlich
unnütz, wo nicht, ſo wird ſie ſchädlich ſeyn.
Es iſt, fährt Smith fort, die Maxime eines jeden, verſtändigen Hausvaters,
niemals etwas im Hauſe ſelbſt zu verfertigen, was er außer dem Hauſe wohlfeiler
kaufen kann. Der Schneider verſucht es
nicht, ſeine Schuhe ſelbſt zu machen, da er ſie
vom Schuſter wohlfeiler erhält; der Schuſter macht ſich ſeine Kleider nicht ſelbſt, weil
ſie ihm der Schneider wohlfeiler macht, als
er ſie würde machen können; und der Landwirth verſucht es nicht, Schuhe und Kleider zu machen, weil er ſie von dem Schuſter und Schneider wohlfeiler haben kann.
Sie alle finden ihre Vortheile dabey, daß ſie
ihren Fleiß auf eine Art anwenden, worin
ſie ihren Nachbarn gewiſſermaßen überlegen
ſind, und daß ſie mit einem Theile ihres
Produkts, oder, welches einerley iſt, mit
dem Preiſe eines Theils deſſelben, alles
andere erkaufen, was ſie ſonſt bedürfen.
Was aber im Betragen einer jeden Pri-
vatfamilie eine Klugheit iſt, kann wol
ſchwerlich im Betragen eines ganzen Staats

eine Thorheit seyn. — Kann ein fremdes
Land uns mit irgend einer Waare wohlfeiler versehen, als wir selbst sie verfertigen
können, so ist es besser, sie mit irgend einem Theile des Produkts unsers eigenen
Fleißes zu kaufen, der auf irgend eine Art
angewendet wird, worin wir einigen Vorzug haben.

Das Verbot und die Einschränkung der
Einfuhr ausländischer Waaren pflegen vor-
nehmlich aus drey Gründen gerechtfertiget
zu werden:

1) wenn die Sicherheit und Vertheidigung des Landes gegen auswärtige Feinde
das Emporbringen eines gewissen Handels-
zweigs, der bisher von uns entweder noch
gar nicht kultivirt, oder zwischen uns und
dem feindlich gesinnten Lande getheilt war,
nothwendig macht. Allein nicht zu gedenken, daß ein feindseliges Verhältniß unter
Völkern gar nicht entstehen könnte, wenn
mit Aufgebung aller Ansprüche auf Eroberungen von Seiten der Regenten der Verkehr unter den Völkern völlig frey gegeben

und jede Beleidigung, die sich Individuen verschiedener Nationen im Handel und Wandel gegen einander zu Schulden kommen
lassen, von der höchsten Gewalt der Belei-
diger, auf an sie erganete Requisition nachdrücklich geahndet würde: so bleibt auch
nicht allein der Erfolg einer solchen Einschränkung, und ob dieser Handelszweig,
den das Volk mit Ausschließung seines feind-
seligen Nachbars nun in sich selbst kultivi-
ren soll, nur zu einiger Bedeutung gelangen werde, höchst ungewiß, und die Rechtlichkeit der Maasregel hinge alsdann blos
von dem Erfolge ab; sondern es würde
auch der schon oben angeführte und verwor-
fene Fall eines Zwanges eintreten, dem
man die Unterthanen unterwürfe, ihr Kapital und ihren Fleiß von einem für sie bis-
jetzt ergiebigen Zweige der Industrie auf
einen andern zu wenden, von welchem der
Vortheil vor der Hand noch problematisch
und wol gar mit dem ihres bisherigen Gewerbes nicht zu vergleichen ist.

2) Wenn in einem Lande die selbst erzeugten Konsumtibilien mit Abgaben belegt

find, so iſt es, ſagt man, billig, daß auch
die eingehenden auswärtigen Waaren mit
gleichen Abgaben belegt werden, weil ſonſt
der Fremdling vor dem Landeseinwohner
begünſtiget und jenem eine Art von Monopol auf dem inländiſchen Markte einge-
räumt werden würde. Dies Urtheil iſt
ganz richtig; es iſt aber nur die Frage: ob
Konſumtionsſteuern überhaupt mit den
Grundſätzen der Freiheit und Gleichheit der
Bürger und der Völker unter einander beſtehen können. Daß aber dies nicht ſey,
iſt weiter oben gezeigt worden; die Rechtfertigung der verbotenen und eingeſchränk-
ten Einfuhr fremder Waaren aus dem angeführten Grunde, fällt daher mit der Unrechtlichkeit der Konſumtionsſteuern überhaupt, und kann nur aus Gründen der gewöhnlichen wandelbaren Politik geführet
werden.

3.) Wenn ein Land uns die Einfuhr
unſerer Waaren unterſagt und erſchwert,
ſo dürfen auch wir ihm ein gleiches mit ſeinen Waaren, die es uns zuführet, thun;
wir retorquiren. Es kömmt immer darauf

an, ob auch die Retorsion den Erfolg ha=
ben werde, die Nation zur Wiederherstel=
lung des freien Handelsverkehrs zu vermö=
gen, und ob wie der Handelsartikel, die
sie uns zuführt, für unser eigenes Bedürf=
niß, oder ohne Schaden in unserm innern
und Zwischenhandel entbehren können. So
sehr es freilich gegen alles öffentliche Recht
streitet, wenn eine Nation der andern in
ihrem Handel mit ihr Hindernisse und Hem=
mungen in den Weg legt, so handelt doch die
Regierung der letztern, wenn sie deswegen
retorquiret, dadurch nicht weniger unge=
recht gegen ihre Unterthanen selbst, weil sie
zu dem Verluste, der mit der unterbroche=
nen und gestörten Ausfuhr ihrer Erzeugnisse
ohnehin schon verbunden ist, auch noch den
hinzufügt, der so vielen Individuen aus
dem Verbot und der Einschränkung des
Handels mit jenen ausländischen ihnen zu=
geführten Produkten erwächst. Ueberhaupt
ist es aber so gar leicht nicht, genau zu be=
stimmen, in welchen Fällen eine solche Re=
torsion ohne eigenen Nachtheil der Unter=
thanen geschehen kann; und es ist also ge=

niß im Zweifel immer besser gethan, man
bleibt im Wege des Rechts und verstattet
der fremden Nation den freien Eingang
ihrer Waaren bey uns, als daß man sich
der Gefahr aussetzt, mit dem, was man
schon durch den verringerten Absatz eigner
Erzeugnisse in jener verloren hat, auch noch
das, was wir durch den Handel mit ihren
Produkten gewinnen können, verlieren.
Auf diesem hier angeführten dritten Grunde, verbunden mit der herrschenden Begierde nach Vermehrung der Kammerei-
venüen scheint auch das ganze Deutsche Zoll-
und Mauthsystem in Deutschland zu beruhen. Jedes Land belegt die eingehenden
Waaren aus dem andern Lande mit Zöllen,
weil es ein Land vor diesem einmal so angefangen hat, und die andern, um nicht
zurück zu bleiben, seinem Beispiele gefolgt
sind. Manche Regierungen verbieten und
beschweren auch oft fremde Produkte Deut-
scher und auswärtiger Völker sehr hoch,
ohne gerade versichert zu seyn, ob die Manufaktur dieser Produkte auch bey ihnen gedeihen, und in Aufnahme kommen können

und

und werden; und viele, die sich durch der,
gleichen Schritte für beeinträchtigt halten,
brauchen Repressalien, ohne gerade zu über,
legen, ob ihr Volk auch jener fremden Pro,
dukte ohne Schaden entbehren kann.

Wir kommen nun auf unsern zweiten
Gegenstand, die Ausfuhr, die man vor,
nehmlich begünstigen und befördern will.
Es fällt bey der Betrachtung derselben so,
gleich in die Augen, daß sich eine Beförde,
rung der Ausfuhr unter Völkern mit dem
von ihnen zugleich adoptirten Grundsatz
der Verhinderung der Einfuhr nicht wohl
zusammenreimen lasse. Alle Beförderungs,
mittel der Ausfuhr unserer Produkte zu ei,
nem andern Volke werden vergeblich seyn,
wenn wir gegen dasselbe ein Verbot der
Einfuhr seiner Erzeugnisse verhängen, denn
es wird, den herrschenden Grundsätzen ge,
mäß, auch die Einfuhr unserer Produkte
in sein Land verbieten; Einfuhr unserer
Erzeugnisse aber in ein fremdes Land ist
Ausfuhr derselben aus unserm.

Durchgängige volle Freiheit ist das ein,
zige wirksame Mittel, den Handel zu beför,

X

hen, und ihm Kraft und Umfang zu geben;
und wo einmal die Einfuhr fremder Produkte beschwert und gehemmt ist, werden
alle Beförderungsmittel der Ausfuhr, von
welcher Art sie auch seyn mögen, ihren Zweck
verfehlen. Man will die Ausfuhr der Erzeugnisse eines Landes in ein anderes durch
Rückzölle befördern; d. i. man giebt
den einheimischen Kaufleuten, die vater-
ländische oder auch eingeführte fremde Erzeugnisse wieder in andere Länder ausführen, die im Lande oder an den Einfuhr-
grenzen bezahlten Zölle, Mauth, Accise
u. s. w. an den Ausfuhrgrenzen wieder zurück. Allein erstlich können diese Rückzölle
die Verbote und hohen Abgaben nicht heben, womit die Einfuhr dieser Waaren in
andern Ländern belegt ist; sie können die
Erwartung eines reichlichen Absatzes in denselben, die durch jene Verbote und Beschwerungen niedergeschlagen ist, nicht beleben und erhöhen. Zweitens sind sie nur
in Fällen, wo dergleichen ausgeführte Waaren nur mit Eingangsrechten in andern
Ländern beschwert, aber nicht gänzlich ver-

boten sind; von Wirksamkeit, deren Grad
sich aber auch wieder um so mehr vermindert, als die Eingangsrechte von diesen
Waaren in fremden Territorien den Betrag
des Rückzolles übersteigen. Endlich sind
diese Rückzölle, außer dem, daß sie, wie
hieraus erhellet, oft von sehr geringem Be-
lange sind, auch nur ein solches Mittel,
das aus einer unrechtlichen Veranstaltung
entsprungen ist, den Zöllen, Mauthen,
Accisen ꝛc. Ohne diese könnte es gar nicht
Statt finden; es mahnet die Regierung
eines unrechtlichen Schrittes, dadurch, daß
diese das einmal Empfangene wieder zurück
und auf diese Art zu verstehen giebt, daß
sie das, was sie einmal empfangen hatte,
nicht hätte empfangen sollen.

Daß die Kosten, die ein Land auf die
Herstellung und Unterhaltung guter Wege,
Brücken, Häfen u. dergl. wendet, von
denen, die sich dieser Bequemlichkeit bedienen, auf eine gerechte und nicht blos zur
Vermehrung der Kammerrevenüen abzwe-
ckende Art, getragen werden müssen, versteht sich von selbst; aber von dieser Art

sind die mancherley Waarenzölle, Accise,
Mauthen, Ungelder und wie sie weiter heis-
sen, nicht, die gewöhnlich auch noch neben
jenen nothwendigen Abgaben, blos für die
Erlaubniß, die Waaren ein und durch zu
führen, und um den fremden Kaufmann
auch mit, zum Behuf der Befriedigung
unserer Privatbedürfnisse, zur Mitleidenheit zu ziehen, bezahlt werden, ohne weitere Anwendung auf Gegenstände der öffentlichen Bequemlichkeit in die Kassen der Landesherren fallen, und entweder verschwin-
den oder ihre Bestimmung bey Dingen
finden, die mit dem Handel auch nicht auf
die entfernteste Weise in Verbindung stehen.
Ich weiß wohl, daß viele Schriftsteller,
die den Großen schmeicheln, das Recht von
den ein und ausgehenden Erzeugnissen und
Waaren, ihrer und fremder Unterthanen
Abgaben zu erheben, dieserhalb Zollhäuser
an den Grenzen ihrer Länder anzulegen,
Visitatoren anzustellen u. s. w. für ein solches halten und ausgeben, das der Territorialhoheit anklebe; allein aus dem Begriffe der höchsten Staatsgewalt fließt es

nicht, daß innerer und äußerer Handel und
Wandel der Unterthanen zu einer Quelle
öffentlicher Einkünfte gemacht, sondern
nur, daß ein jeder Unterthan, von seinem
reinen Gewinn einen verhältnißmäßigen
Beitrag zur Bestreitung der öffentlichen
Bedürfnisse beitragen soll. Zollabgaben
von ein und ausgehenden Waaren sind aber
keine Beiträge vom reinen Gewinn derer,
die diese Waaren im Lande erhalten oder
versenden, sondern eine Ursache der Vertheurung derselben für diejenigen, die sie
entweder im Lande oder im Auslande verzehren, da die Zollabgaben eben so wie die
Transportkosten mit zu dem Preise der
Waaren geschlagen werden. Wenn demnach das Recht, Abgaben auf ein und ausgehende Waaren zu legen, kein wesentliches
Recht der höchsten Gewalt überhaupt ist, so
kann dasselbe auch von dieser nicht an andere verliehen und verpachtet werden, und
es können, da die Zölle selbst auf keinem
staatsrechtlichen Grunde beruhen, auch die
Rückzölle nicht auf eine staatsrechtliche Art
Statt finden.

Prämien pflegen inländischen Kaufleuten zur Beförderung der Ausfuhr solcher
Waaren ertheilt zu werden, die sie auf dem
auswärtigen Markte nicht eben so wohlfeil,
oder auch noch wohlfeiler als ihre Mitwerber verkaufen können, die sie also daselbst
entweder ganz ohne Gewinn, oder wol gar
mit Verlust der Versendungskosten verkaufen würden. Ob sich solche Handelspräm-
mien rechtfertigen lassen, wird sich aus fol-
gender Betrachtung ergeben. Entweder
wird die Prämie auf die Ausfuhr solcher
inländischen Waaren, deren roher Stoff
aus der Fremde, gegen Erlegung einer Ein-
gangsabgabe, eingeführt wird, oder für
die Ausfuhr einer Waare, deren Stoff im
Lande selbst erzeugt und fabrizirt worden,
gelegt. In jenem Falle besteht die Prämie in einem bloßen Rückzoll, und es gilt
von ihr, was bereits von diesem gesagt ist.
In diesem Falle hingegen ist dieser Waare
entweder bereits ein Handelskanal im Auslande eröffnet, oder er soll ihm allererst eröffnet werden; allein die Konkurrenz anderer Mitwerber in demselben ist so beschaffen,

daß die dahin ausgeführten Waaren den
Preis mit dem der Mitwerber nicht würden
halten, mithin keinen Absatz würden finden
können. Weiß der Kaufmann schon, wo
er im Auslande seine Waare mit Vortheil
absetzen kann, so ist die Prämie unnütz,
und er wird sich durch dieselbe auch nicht
bewegen lassen, seinen gewissen Markt im
Auslande gegen einem andern noch unge=
wissen, der ihm durch die Prämie auch
nicht mehr Vortheil bringt als der alte, zu
vertauschen. Soll ihm durch die Prämie
erst der Weg gebahnt werden, seine Waare
in einem von ihm bis jetzt noch unbesuchten
Auslande mit Vortheil abzusetzen, so wird
diese Procedur die Folge haben, daß diese
Waare durch die Ausfuhr, auf dem ein=
heimischen Markte, wegen der daselbst ver=
minderten Konkurrenz, im Preise steigt,
und auf dem auswärtigen durch die vergrö=
ßerte Konkurrenz der Verkäufer im Preise
fällt. Diese Art der Beförderung der
Ausfuhr begünstigt also nicht allein blos
die Einwohner des Auslandes, die auf
diese Art die ihnen zugeführten Waaren oft

wohlfeiler als wir selbst kaufen können, sondern sie unterwirft auch die Glieder des
ausführenden Staats einer doppelten Abgabe: derjenigen, wovon die Ausfuhrprä-
mie bestritten wird, und derjenigen, die
sie in dem nun höhern Kaufpreis der Waare
auf ihrem Markte entrichten müssen. Es
wird also nur eine einheimische Klasse, die
der Kaufleute, die mit dieser Waare handeln, zum Nachtheil der ungleich zahlrei-
chern Klasse, der Käufer, für welche diese
Waare ein Bedürfniß ist, und zu ihrem
desto größern Nachtheil, je ein dringenderes
Bedürfniß diese Waare für sie ist, begünstiget. Dieses Mittel ist also nicht allein,
durch diese Folge, die es nothwendig her-
vorbringen muß, aller Grundsätze einer
rechtlichen staatswirthschaftlichen Verwaltung, selbst in dem einzig möglichen Fall
seiner Anwendbarkeit, gänzlich zuwider;
sondern es dient auch nicht, den Nationalreichthum aus ihr mindesten zu vermehren,
da dasjenige, was der die Waare ausführende, Manufakturist oder Kaufmann über
seine für dieselbe gemachten Auslagen als

Gewinn erhält, denselben nicht von dem
auswärtigen Käufer, sondern von seinem
Staate selbst, durch die Prämie, bezahlt
wird.

Die Unrechtlichkeit und Unzweckmäßig-
keit der Handelsverträge, als des
dritten Mittels, die Ausfuhr zu begünstigen,
leuchtet nicht schwächer in die Augen. Sie
stiften nicht allein einem Zustand, in welchem aller freie Handelsverkehr unter den
Völkern aufgehoben ist, und ziehen denselben nach sich; indem sie dadurch zugleich
den Saamen der Feindschaft und Befesti-
gungen ausstreuen, mithin alles Band,
durch welches die Völker vermittelst des
freien Handels unter sich zusammenhängen,
auflösen; sondern sie sind auch jederzeit,
wenn auch dem einen Völke nützlich, doch
dem andern nachtheilig. Ist ein solcher
Handelsvertrag blos einseitig, d. i. bedingt
sich eine Nation die ausschließliche Ausfuhr
seiner Waaren in das Land einer andern
mit ihr kontrahirenden Nation, oder bedingt sie sich nur die Befreiung von den

Zöllen, die die übrigen Nationen der mit
ihr kontrahirenden Nation für die Einfuhr
ihrer Waaren entrichten müssen; so ist der
Nachtheil der begünstigenden und der Vortheil der begünstigten Nation augenscheinlich. Denn da die letztere bey der ersten
Art des Vertrags ein Monopol in dem Lande des erstern treibt, so steht es auch in
der Macht jener, die Preise der Waaren
nach ihrem Gefallen zu bestimmen, da keine
Mitwerber vorhanden sind, die sie nöthig-
ten, wohlfeiler zu verkaufen; sie zieht also
allein den Vortheil ihres Monopols, indeß
die begünstigende Nation die Waaren theurer bezahlen muß, als bey einer uneinge-
schränkten Konkurrenz der übrigen fremden
Verkäufer geschehen würde. Bey der zwey-
ten Art des Handelsvertrags, die die Befreiung von den Einfuhrabgaben zum Gegenstand hat, ist die Folge die nemliche, zu
auch sie stiftet endlich für die begünstigte
Nation ein Monopol, indem sie die Kaufleute anderer Nationen durch die niedrigern
Preise, die sie wegen der Befreiung der
Eingangsrechte halten kann, endlich ab-

treibt, und sich nun des Handels in dem, begünstigten Lande allein mit allen den Vor: theilen, die dieser Alleinhandel mit sich führt, zum Nachtheil der Landeseinwohner, die nun in Ansehung der Preise in der Ge: walt der begünstigten Nation stehen, be: mächtiget. Ist der Handelsvertrag gegen: seitig, d. i. garantiren sich beide Nationen. die ausschließende Einfuhr ihrer Erzeugnisse. in ihre Länder, oder die Befreiung von den Zöllen, die ihnen andere Nationen, die noch mit ihnen handeln, entrichten müs: sen; so entsteht hieraus ein doppelter Allein: handel mit den Produkten jeder dieser Na: tionen in dem Lande der andern, da nun: mehr die übrigen mitwerbenden Nationen von dem inländischen Markte einer jeden abgetrieben sind und werden. Die ausge: schlossenen Nationen sind von nun an ge: nöthigt, die Waaren, deren sie von bei: den bedürfen, aus der zweiten Hand zu nehmen, es entsteht also eine Vertheurung derselben für alle ihre Abnehmer; und da sich jede auf diese Art in ihrem Einkauf ver: schlimmerte Nation so viel möglich ihres

Schadens wieder zu erholen bemüht ist, so
wird sie nicht verfehlen der Nation, die
ihr hierunter durch die Anschließung eines
solchen Alleinhandels schädlich geworden ist,
Gleiches mit Gleichem zu vergelten; sie
werden dergleichen Verträge wieder, zum
Nachtheil jener sie beeinträchtigenden Nationen, unter sich eingehen, und auf diese
Weise die völlige Auflösung des allgemeinen
unter allen handelnden Nationen bisher be-
standenen Bandes und die völlige Aufhebung der Freiheit aller Nationen, bewerk-
stelligen, wozu sie, allen völkerrechtlichen
Grundsätzen zuwider, den Anfang gemacht
haben. Aus allem diesem folgt, daß ein
Handelsvertrag unter Nationen nur in so
fern gebilliget werden kann, in wie fern
er den von einer oder der andern Nation
zu Schulden gebrachten Mißbrauch der
Freiheit Aller wieder zu entfernen und letztere wieder herzustellen gestiftet ist; welches
inzwischen durch dieses Mittel allein und
ohne andere wirksamere, gemeinschaftliche
Zwangsmittel gegen die despotisirende Han-
delsnation schwerlich zu bewirken seyn wird.

Einer der größten Nachtheile, die das Verbot der Einfuhr ausländischer und der Ausfuhr inländischer Erzeugnisse nach sich zieht, ist der Schleichhandel, nicht sowohl an und für sich selbst, als vielmehr durch die Folgen, die er für diejenigen, die ihn treiben, haben kann. Da jene Verbote mit den Grundsätzen weder des öffentlichen Rechts noch der Klugheit bestehen, so kann die allgemeine Vernunft den Schleichhandel in sofern nicht verdammen, als er das Mittel ist, jene gewaltsame Einschränkung des freien Verkehrs der Völker so viel möglich zu heben, und das Band unter demselben, das man trennen will, zu erhalten. Sobald zwischen zwey Völkern, welche durch Ein- und Ausfuhrverbote, sie mögen nun einseitig oder wechselseitig seyn, im Handel und Wandel getrennt werden sollen, Schleichhandel entsteht und fortdauert, sobald kann man auch annehmen, daß jene Verbote ihnen die Vortheile, die man ihnen dadurch zu verschaffen hoffte, nicht gewähren. Denn sie würden den Schleichhandel nicht unternehmen und fortsetzen,

wenn sie nicht gewiß wüßten, daß sie wechs
selseitig auf diesem verbotenen Wege mehr,
als auf dem gesetzlich vorgeschriebenen, ge=
winnen können; und so lange diese Gewißs
heit besteht, werden sie auch, aller ihnen
drohenden Gefahren ungeachtet, den alten
gewohnten Weg nicht verlassen. Für das
Unglück, das die Schleichhändler durch
Konfiskation ihrer Waaren und andere ge=
setzliche Ahndungen trift, sind die Urheber
der Verletzung des öffentlichen Rechts vor
ihrem innern Richter verantwortlich, und
die Bestraften fallen als Opfer dieses öffentli=
chen Rechts. Jeder Mensch hat das höchste
Recht, seinen Vermögenszustand auf dem
Wege des Handels durch Mittel, die das
Privat= und öffentliche Recht gut heißt, zu
verbessern, und er darf um so weniger darin
gestört und eingeschränkt werden, als durch
die Verbesserung seines Vermögens auch zu=
gleich das Nationalvermögen vermehrt
wird. Wenn ihm nun das Recht, seinen
Vortheil auf diesem rechtlichen Wege zu su=
chen und sein Kapital und seinen Fleiß auf
das vortheilhafteste anzuwenden, nicht be=

ftritten werden kann, so kann auch sein
Hang und seine Begierde nach Gewinn, so
lange sie in den Gränzen des Privatrechts
bleibt, und das öffentliche Recht sie billigt,
ohne Ungerechtigkeit nicht eingeschränkt werden. Diese Begierde nach Gewinn wird
aber um so stärker, vorsichtiger und schlauer
werden, je mächtiger die Hindernisse sind,
die ihr die Ungerechtigkeit in den Weg legt.
In der That lehrt es auch die Erfahrung,
daß der Schleichhandel um so mehr Ermun-
terung findet, und um sich greift, je stren-
ger die Verbote und je höher die Abgaben
sind, mit welchen die Ein- und Ausfuhr
der Waaren belegt werden. Ein auffallen-
des Beispiel hiervon giebt England, das,
ohngeachtet der Strenge des Verbots und
der Aufmerksamkeit seiner Zollbedienten und
Küstenbewahrer, gleichwohl die heimliche
Ausfuhr seiner Wolle, die jährlich auf
180.000 Schiffspfund geschätzt wird, nicht
verhindern kann.

Alle diese bisher geprüften, auf falsche
Voraussetzungen gebauten Grundsätze des

merkantilischen Systems, nebst dem von dem=
selben aufgestellten Mitteln, den Natio=
nalreichthum zu befördern, sind fast in al=
len, besonders aber in den größern Deut=
schen Reichsländern, zur Anwendung und
Ausführung gekommen, am allermeisten
aber unter den letztern diejenigen ins Werk
gesetzt worden, welche die Freiheit des
Handels unmittelbar und geradezu ein=
schränken, ich meine die Verbote, Abgaben
und Handelsverträge.

Die vorhandenen Reichsgesetze sind an
diesen Mißbräuchen der Territorialgewalt
in Deutschland nicht schuld, und man muß
ihnen die Gerechtigkeit widerfahren lassen,
daß sie nicht allein nichts enthalten, was
diese Mißbräuche begünstigte und begründe=
te, sondern sogar den reinsten Grundsätzen
einer weisen auf die gänzliche Freiheit des
Handels im Deutschen Reiche abzweckenden
Staatswirthschaft eine positiv=gesetz=
liche Kraft geben; und man muß sich in
der That wundern, wie es möglich gewe=
sen

ſen iſt, daß man von der in den ältern
Zeiten Deutſchlands herrſchenden richtigen
Denkart in Anſehung der Gewerbe und der
Erkenntniß des wahren Zwecks der Deut:
ſchen Reichsverbindung ſo ſehr, als es ge:
genwärtig der Fall iſt, hat abkommen kön:
nen, daß kaum noch der Schatten der ehe:
maligen Handelsfreiheit und der Geſetzlich:
keit des öffentlichen Zuſtandes übrig geblie:
ben iſt. Die Reſultate aller jener Reichs:
geſetze, von Kaiſer Rudolf im 13 Jahr:
hundert an, laufen auf folgende Punkte
hinaus: Es ſoll in Deutſchland eine unein:
geſchränkte Freiheit im Handel und Wan:
del und aller Alleinhandel, ſo wie alles,
was die Konkurrenz der Käufer und Ver:
käufer hindert und aufhebt, verboten ſeyn;
alle Zölle und Zollerhöhungen, ingleichen
alle Auflagen auf Waaren, welcher Name
ihnen auch gegeben ſeyn mag, welche die
Stände, ohne Bewilligung des Kaiſers
und Reichs, oder, ſeit Kaiſer Leopolds
Zeiten, ohne Zuziehung der intereſſirten be:
nachbarten Stände, erlangt haben, ſind

Y

als Ursachen der Theurung der Waaren und
Handthierungen anzusehen und als solche
gänzlich aufzuheben. Endlich soll auch die
Schiffahrt auf den Flüssen, und insbeson=
dere auf dem Rheine, für alle Staaten völlig
frey seyn. Diese Resultate ergeben sich aus
den Verordnungen der Kaiser — Rudolph,
Adolph, Albrecht, Ludwig von Baiern,
Maximilian, — mehrern Reichsabschieden,
dem Westphälischen Frieden und der kaiser=
lichen Wahlkapitulation. Kaiser Rudolpf
verordnete im Jahre 1287, daß alle bis
dahin angelegten vom Reiche nicht verwil=
ligten Zölle, und alle eigenmächtig vorge=
nommenen Zollerhöhungen bei Strafe der
Ächtserklärung gänzlich wieder abgestellt,
auch künftig kein neuer Zoll, kein neues Ge=
leit und keine neue Mauth zu Wasser und zu
Lande angesetzt und erhoben werden sollte.
Ein Gleiches bestätigten die folgenden Kaiser,
und Maximilian fügte noch hinzu: daß sich die
Kaufleute nicht unterstehen sollten, Waaren
in ihre Hände und Gelwat allein zu brin=
gen, Vorkauf damit zu treiben und zu ihrem
Vortheile dergleichen an sich gebrachten Gü=

tern einen Werth nach ihrem Gefallen zu
setzen; jedermann solle aber freigestellt seyn,
sich mit jemanden in Gesellschaft zu thun und
Waaren, wo ihm gefalle, zu kau-
fen und zu verhandthieren — eine
Verfügung, die offenbar auf die Verhinderung und Zerstörung der Monopolien und
die Einführung und Beförderung der freien
Konkurrenz der Käufer und Verkäufer ab-
zweckt. Der Reichsabschied von 1576
untersagt gleichfalls alle, ohne Einwilligung des Kaisers und Reichs vorgenomme-
ne Ansetzung neuer und Erhöhung alter ge-
setzmäßiger Zölle; rügt den Mißbrauch, daß
man die Reichsgesetze durch Einführung
anderer Benennungen der Zölle, als Ungeld, Aufschlag (Accise), Brücken- und
Wegegeld ꝛc. zu umgehen suche; bemerkt,
daß die Vermehrung und Erhöhung der Zölle
alle Gewerbe, Commerzien, Viktualien und
Handthierungen vertheure und dadurch Veranlassung zur Ungeduld und zu Empörungen geben könnte. Daß die Vermehrung
und Erhöhung der Imposten Theurung und

dadurch Empörungen verurfache, davon
war man fchon in ältern Zeiten überzeugt.
Diefes erhellet insbefondere aus der von
Kaifer Friedrich im Jahr 1441 auf dem
Reichstag zu Mainz in Vortrag gebrachten Reformation des Deutfchen
Reichs, woraus wir folgende Stelle (aus
Müllers Reichstagstheat. Th. V. S. 57 ff.)
herfetzen: „Alle Zölle, Maut, Geleyd,
Ungelt, Auffchlag, Steuer und Befchwerungen, fo bisher im heil. R. Reich teut-
fcher Nation ihren Fütgang gehabt haben,
follen fürbaß hin alle tode und abe feyn,
ausgenommen, was zu der Nothdurft erkannt wird; damit der aigen
Nutz den Gemayn nit befchwere, auch an
allen Gewerben, und täglichen Händeln
kein Hinderniß bringe, wie folches die Declaration darüber gemacht, clerlich anzeigt,
und austruckt zu Fürderung des gemeynen
Nutzens." Die diefem Artikel beygefügte
Declaration lautet aber fo: Nachdeme der
Artickel anzeigt, daß im heil. Röm. Reich
t. N. all Zoll, Meut und Auffchlag,
mit andern Befchwerungen follen abgethan

und todt seyn, zaigt die Ursach an, daß
die beschwerlich und ohne Noth übersetzt
seyn. Dann es wollen nit allein Fürsten,
Graven, Herrn, auch Prälaten, Stedt,
Communen, Schlecht, Richter und Knecht,
Zoll, Meut, Ungelt, Steuer und Be=
schwerungen täglichs uffbringen, und damit
den Gemain Mann so hart überladen, als
ob es ihn dazu nötten wollet, daß er euch
ewers bösen Regaments entsetzen soll. Seht
wohl auf, daß ir nit ewers Patrimoniums
dazu beraubt werden: wa es sowol geräbt,
daß ir nit gar erschlagen werden. Fürwahr,
ir Fürsten, ir stellet fast nach ungerechtem
Gute: wollt dem Armen sein Schweiß und
Blut wider recht aussagen. Es ist warr=
lich genug: ihr seyd gewarnnt. Wa seynd
ewer erbaren und tapfern Räbt, die euch
zum Besten gemainen Nutz zu gut rathen?
Vil Schmeichler, Heuchler und Suppen=
esser habt ir an ewern Höfen, wann ir
mögt die Wahrheit nit leyden. Welcher
euch aber ewer Amt bessert mit der Nutzung,
das ist ein geschickter Gesell: niemand
fragt, ob es rechtlich daher kumm,

so wirs nur haben. Als ob Gott
die Seynen euch zu Narren geschaffen
habe. Hättet ihr ein recht christlich Ge-
müdt, ir würden die göttlichen Creaturen
bas bedencken." Diese vom K. Friedrich
vorgeschlagene Reformation erhielt zwar keine gesetzliche Kraft und blieb ein Projekt,
inzwischen muß doch schon damals die
Schädlichkeit der Auflagen auf die Konsumtion stark gefühlt worden seyn, weil
sonst der Kaiser seine Meinung über diesen
Punkt entweder ganz zurückgehalten, oder
sich doch nicht so kräftig und nachdrücklich
dagegen erklärt haben würde. Es kam
aber endlich im J. 1576 doch so weit, daß
man diese Auflagen durch einen Reichs-
schluß aufzuheben genöthiget war. Nach
der Verordnung des Westphälischen Frie-
dens (Art. 9.) sollen, um die Commerzien von allen Seiten her, wieder
blühend zu machen, 1) die Zölle und
Mauthen, welche während des Kriegs,
dem gemeinen Nutzen zuwider, hier und
da im Römischen Reiche, wider die Rechte
und Privilegien und ohne Einwilligung des

Kaisers und der Kurfürsten, eigenmächti=
ger Weise eingeführt worden; 2) alle an=
dere ungewöhnliche Belästigungen und Hin=
dernisse, durch welche die Kommerzien
und die Schiffahrt in Abnahme gekommen,
gänzlich abgeschafft; 3) den Ländern, An=
ländungen und allen Flüssen ohne Unter=
schied ihre vorige Sicherheit, Jurisdiction
und Benutzung, wie vor diesem Kriege
vor vielen Jahren gewesen, wieder herge=
stellt und unverletzlich erhalten; auch 4)
eine völlige Freiheit der Kom=
merzien und allenthalben zu Wasser und
zu Lande ein sicherer Paß eingeführt wer=
den, dem zufolge aber allen und jeden Va=
sallen, Unterthanen, Schutzverwandten
und Einwohnern beider Theile der Alliir=
ten die Freiheit zu reisen, zu handeln und
zu wandeln und wieder zurückzukehren, so
wie vor den Unruhen, vergönnt seyn. End=
lich verspricht auch der Kaiser in der Wahl=
kapitulation, die Kommerzien des
Reichs, zu Wasser und zu Lande, nach Mög=
lichkeit zu befördern; auch wie die Hand=
lung treibenden Städte überhaupt, also in=

sonderheit die vor andern zum gemeinen Be:
sten zur See trafiquirende Städte Lübeck,
Bremen und Hamburg bey ihrer Schiffahrt
und Handlung, Rechten und Freiheiten,
dem Instrumento pacis gemäß, zu er:
halten und kräftigst zu schützen; dagegen
aber die großen Gesellschaften und Kauf:
gewerbsleute und andere, so bisher mit ih:
rem Gelde regiert, ihres Willens gehandelt
und mit Wucher und unzulässigem Verkauf
und Monopolien viele Unschicklichkei:
ten dem Reich, und dessen Inwohnern und
Unterthanen merklichen Schaden, Nach:
theil und Beschwerung zugefügt haben, und
noch täglich einführen und gebähren, mit
der Kurfürsten, Fürsten und anderer Stän:
de Rath, immaßen wie dem zu begegnen
hievor auch bedacht und vorgenommen,
aber nicht vollstreckt worden, gar
abzuthun; keineswegs auch jemanden einige
Privilegia und Monopolien (es geschehe
solches bey Kaufhandel, Manufakturen,
Künsten und andern in das Policeiwesen
einlaufenden Sachen, oder wie es sonst Na:
men haben möchte) zu ertheilen, sondern

da dergleichen erhalten, dieselbige, als den
Reichssatzungen zuwider, abzuthun und aufzuheben. Wann auch in den benachbarten Landen die Durch- und
Einfuhr und Verhandlung der
im Reiche gefertigten Manufakturen und guter aufrichtiger Waaren
verboten wären oder werden sollten, so verspricht des Kaisers Majestät,
sich dessen Abstellung, weil solches der
Freiheit der Kommerzien zuwi-
der, angelegen seyn zu lassen, im widri-
gen aber die Vorsehung zu thun, daß andere Waaren hinwieder aus ermeldeten
Landen ins Reich zu bringen, gleicherge-
stalt nicht zugelassen seyn solle. — In Ansehung der Consumtionsimposten erklärt
der Kaiser in der neuesten W. C. sich so:
„Wenn auch einige — sich unterstanden
haben, und noch unterstehen sollten, unter
ihren Thoren, oder sonsten anderer Orten
in und vor den Städten, die ein-, aus-
und durchgehende Waaren, Getraide, Wein,
Salz, Vieh, und anderes mit gewissem
Aufschlag unter dem Namen, Accis,

Ungeld, Niederlag, Stands und
Marktrecht, Pforten-, Brücken-
und Weg-, Kaufhaus-, Rent-, Pfla-
ster-, Steinfuhren- und Cento-
Gelder, Multersteuer und andern
dergleichen Imposten zu beschweren, solches alles aber in dem Effekt und
Nachfolge für nichts anders, als einen
neuen Zoll, ja oftmals weit höher zu halten — und der Freiheit der Commer-
ciorum, des Handels und Wandels, zu
Wasser und Land schnurstracks zuwider ist
— so sollen und wollen wir — solche un-
zulässige Beschwerden und Mißbräuche,
aller Orten ohne Verzug abstellen und aufheben, ꝛc.

Aus dem Inhalte aller dieser Reichsgesetze läßt sich ersehen, daß in denselben
nichts übergangen ist, was die Freiheit des
Handels aufrecht zu halten dient, und daß
es wenigstens nicht an ihnen liegt, wenn
gleichwohl der Zustand des Handels in
Deutschland mit diesen Gesetzen in umge-
kehrtem Verhältnisse steht. Oesterreich selbst

ist in Ansehung der in seiner neuen Mauth=
verfügung enthaltene Verbote der Ein=
fuhr reichs= und ausländischer und der Aus=
fuhr seiner eigenen Erzeugnisse, der Erthei=
lung ausschließender Handels= und Nach=
drucksprivilegien, Anlegung von neuen
Zöllen, Mauthen und Imposten auf ein=
und ausgehende Waaren, folglich in Ein=
schränkung der Freiheit des Handels, den
Deutschen Reichsständen mit seinem Bei=
spiele vorangegangen, und gegenwärtig ist
kein Land der ersten und zweiten Größe in
Deutschland, wo man dasselbe nicht nach=
geahmt hätte und wo nicht immer ein Land
gegen das andere gleiche Verbote und Be=
schwerungen des Handels, als Repressa=
lien, ergehen ließe. Neue Zölle, Impo=
sten, Licente, Accisen u. f. w. haben, den aus=
drücklichen Reichsgesetzen zuwider, Deutsch=
land überschwemmt; jedes reichsständische
Land sucht sich auf Kosten des andern zu
bereichern; und sicher giebt es in Europa
kein Reich, das in Ansehung des Handels
weniger begünstigt und mehr bedrückt
wird, als das Deutsche. Zur Vollkom=

menheit der Handelsgesetze des Deutschen
Reichs fehlt denselben weiter nichts, als
das gänzliche Verbot aller der Zölle, welchen Namen sie auch haben mögen, die nicht
blos und allein als ein billiger und recht-
mäßig zu fordernder Ersatz für den Aufwand
solcher Anlagen, die zur bequemen Führung des Handels gemacht worden, anzusehen sind. Denn jene Reichsgesetze lassen auch noch die alten von Kaiser und Reich
den Reichsständen verliehenen oder von diesen von Alters her hergebrachten Zölle bestehen, ohngeachtet, wo nicht alle, doch
die meisten derselben, blos um aus ihren
Einkünften eine Kameralrevenüe zu
machen, und ohne alle Anlage zur Bequemlichkeit für die Kaufleute, Schiffer
und Fuhrleute, angelegt sind. Wie sehr
die inländischen Natur- und Kunstprodukte
im Preise steigen müssen, wenn sie von
dem Orte ihrer Entstehung an bis an die
Grenze, wo sie ins Ausland übergehen sollen, in jedem Reichsterritorio mit Ein-
und Ausgangsrechten belastet werden, läßt
sich leicht begreifen. So müssen z. B.

Schiffe, die von der äußersten Grenze der
Pfalz, Waaren bis an die Holländische Grenze bringen wollen, 24 Zollstädte passiren,
und der Rheinhandel müßte bey aller seiner
Wichtigkeit doch noch weit blühender seyn,
wenn er ganz zollfrey geführt werden
könnte.

Die Territorialhoheit der Deutschen
Reichsstände, von welchen sich, nach dem
Vorgange der mächtigern, auch die kleinern
allmählig den reichsgesetzlichen Einschränkungen um so mehr zu entziehen suchen, als
sie in den von dem Oberhaupte seinen Erb-
ländern ertheilten Ausnahmen von den allgemeinen Handelsgesetzen einen Grund zu
ihrer Rechtfertigung, im Falle gleicher Veranstaltungen in ihren Ländern, zu finden
glauben, und das durch die Landeshoheit
gestiftete verschiedene Interesse der Reichsstände, das sie gegen das Interesse ihrer
mitständischen Nachbarn immer aufrecht zu
erhalten und zum Nachtheil des letztern zu
begünstigen und zu befördern trachten, mithin die Konstitution des Reichs, als von

welcher die Landeshoheit einen vorzüglichen
Theil ausmacht, ist, so wie in andern bereits angezeigten Fällen, auch hier der
Grund, warum die Gesetze des Reichs in
Ansehung der vollkommenen rechtlichen Freiheit des Handels, nicht in wirkliche Ausübung gebracht und in ihrer Kraft erhalten
werden können. Will man, daß im Deutschen Reiche ein rechtlicher Zustand überhaupt und mithin auch in Ansehung des
Handels und Wandels in demselben geltend
werden soll, so müssen entweder die Reichsstände, als solche, ihre Territorialhoheit
der höchsten Gewalt des Reichs zum Opfer
bringen; oder wenn sie das nicht wollen,
müssen sie auch nicht verlangen, daß ihnen
die Verbindung, in der sie sich unter einander befinden, einen vollkommenen, gegen die Anmaßungen aller ihrer übrigen
Mitstände gesicherten rechtlichen Zustand
gewähre.

www.ingramcontent.com/pod-product-compliance
Lightning Source LLC
Chambersburg PA
CBHW021113270326
41929CB00009B/866